中等职业院校铁路类专业系列教材

Zhongguo Lüyou Dili
中国旅游地理

庞建昭　孙伟峰　主　编
朱俊达　吕小帅　副主编
　　　　郝风伦　主　审

人民交通出版社股份有限公司
北　京

内 容 提 要

本书为中等职业院校铁路类专业系列教材。全书共 10 个项目，主要包括解读中国旅游地理、中国的旅游资源、华北旅游区、东北旅游区、华东旅游区、华中旅游区、华南旅游区、西南旅游区、西北旅游区、青藏高原旅游区。

本书可作为中等职业院校铁路类专业的教学用书，也可作为中等职业院校旅游管理专业、酒店管理专业等相关专业的教学用书。

图书在版编目(CIP)数据

中国旅游地理/庞建昭,孙伟峰主编. —北京：人民交通出版社股份有限公司,2020.8(2025.2重印)

ISBN 978-7-114-16739-3

Ⅰ.①中… Ⅱ.①庞…②孙… Ⅲ.①旅游地理学—中国 Ⅳ.①F592.99

中国版本图书馆 CIP 数据核字(2020)第 131984 号

书　　　名：	中国旅游地理
著 作 者：	庞建昭　孙伟峰
责任编辑：	李　良
责任校对：	席少楠
责任印制：	张　凯
出版发行：	人民交通出版社股份有限公司
地　　　址：	(100011)北京市朝阳区安定门外外馆斜街 3 号
网　　　址：	http://www.ccpcl.com.cn
销售电话：	(010)85285911
总 经 销：	人民交通出版社股份有限公司发行部
经　　销：	各地新华书店
印　　刷：	北京市密东印刷有限公司
开　　本：	787×1092　1/16
印　　张：	10
字　　数：	225 千
版　　次：	2020 年 8 月　第 1 版
印　　次：	2025 年 2 月　第 3 次印刷
书　　号：	ISBN 978-7-114-16739-3
定　　价：	30.00 元

(有印刷、装订质量问题的图书由本公司负责调换)

前言

我国铁路行业尤其是高速铁路的快速发展,对铁路一线作业人员提出了更高的要求。为了使学生更好地掌握铁路人员所需具备的专业知识,山东交通技师学院联合人民交通出版社股份有限公司组织编写了中等职业院校铁路类专业系列教材。

本套教材以教职成〔2015〕6号文件《教育部关于深化职业教育教学改革全面提高人才培养质量的若干意见》与教职成〔2019〕13号文件《教育部关于职业院校专业人才培养方案制订与实施工作的指导意见》为指导思想,以"坚持面向市场、服务发展、促进就业的办学方向,健全德技并修、工学结合育人机制,突出职业教育的类型特点,深化产教融合、校企合作,加快培养复合型技术技能人才"为编写要求,采用项目驱动、任务引领的编写模式,每一学习任务都由学习目标、问题与思考、工作任务、预备知识、任务实施、任务测评、课后小结组成。在使用本套教材时,希望教师能帮助学生能做到以下几点。

(1)主动学习。学生是学习的主体,学生通过实践,在工作过程中获得的知识与技能是最牢靠的。学习过程中,学生需要积极主动的学习,完成完整的工作任务,学习真实的职业岗位工作内容。

(2)用好教材。教材中每一个任务都确定了明确学习目标,包括能力目标、知识目标和素质目标,学生应该以这些目标为指引,努力地去完成。学习过程中,要在引导问题的帮助下,尽量独立地学习并完成整个学习任务。最后,学生要总结自己学习后的知识与技能收获,总结体会及经验教训,检验自己是否达到制订的学习目标。

《中国旅游地理》是铁路类专业的教学用书,也可作为旅游管理及酒店管理专业的教学用书。本书旨在全面、系统地阐述旅游业的特点,介绍全国各省、自治区、直辖市的旅游资源。学生通过对本课程的学习,对我国的旅游业及其发展状况有概括性地了解与认识,为后续课程学习奠定基础。本书的主要内容包括:

项 目	任 务	建议学时
解读中国旅游地理	中国旅游地理研究的主要内容	2
	中国旅游地理的实用价值	2
	中国旅游地理的学习方法	2
中国的旅游资源	中国自然旅游资源	2
	中国人文旅游资源	2
华北旅游区	区域概况	2
	旅游资源特征	2
	主要游览地及景区	2

续上表

项　　目	任　　务	建议学时
东北旅游区	区域概况	2
	旅游资源特征	2
	主要游览地及景区	2
华东旅游区	区域概况	2
	旅游资源特征	2
	主要游览地及景区	2
华中旅游区	区域概况	2
	旅游资源特征	2
	主要游览地及景区	2
华南旅游区	区域概况	2
	旅游资源特征	2
	主要游览地及景区	2
西南旅游区	区域概况	2
	旅游资源特征	2
	主要游览地及景区	2
西北旅游区	区域概况	2
	旅游资源特征	2
	主要游览地及景区	2
青藏高原旅游区	区域概况	2
	旅游资源特征	2
	主要游览地及景区	2
合计		58

本书由庞建昭、孙伟峰担任主编，朱俊达、吕小帅担任副主编，由郝风伦担任主审。参与本书编写的还有陈霞、张远亮、吴仕磊、杨栋、刘雪。其中，庞建昭编写了项目1,孙伟峰编写了项目2,朱俊达编写了项目3,吕小帅编写了项目4,陈霞编写了项目5,张远亮编写了项目6,吴仕磊编写了项目7,杨栋编写了项目8,刘雪编写了项目9,庞建昭编写了项目10。

在本书编写过程中，编者参考了有关书刊和资料，并引用了其中一些资料，在此一并向这些书刊资料的作者表示衷心的感谢。

由于编者水平有限，书中难免存在不足之处，恳请广大读者批评指正，我们一定会不断改进。

编　者

2020年3月

目 录
CONTENTS

项目1 解读中国旅游地理 ⋯⋯⋯⋯⋯⋯⋯⋯⋯⋯⋯⋯⋯⋯⋯⋯⋯⋯⋯⋯⋯⋯⋯⋯⋯⋯ 1
 任务1 中国旅游地理研究的主要内容 ⋯⋯⋯⋯⋯⋯⋯⋯⋯⋯⋯⋯⋯⋯⋯⋯⋯⋯ 1
 任务2 中国旅游地理的实用价值 ⋯⋯⋯⋯⋯⋯⋯⋯⋯⋯⋯⋯⋯⋯⋯⋯⋯⋯⋯⋯ 3
 任务3 中国旅游地理的学习方法 ⋯⋯⋯⋯⋯⋯⋯⋯⋯⋯⋯⋯⋯⋯⋯⋯⋯⋯⋯⋯ 5

项目2 中国的旅游资源 ⋯⋯⋯⋯⋯⋯⋯⋯⋯⋯⋯⋯⋯⋯⋯⋯⋯⋯⋯⋯⋯⋯⋯⋯⋯⋯⋯ 9
 任务1 中国自然旅游资源 ⋯⋯⋯⋯⋯⋯⋯⋯⋯⋯⋯⋯⋯⋯⋯⋯⋯⋯⋯⋯⋯⋯⋯ 9
 任务2 中国人文旅游资源 ⋯⋯⋯⋯⋯⋯⋯⋯⋯⋯⋯⋯⋯⋯⋯⋯⋯⋯⋯⋯⋯⋯ 18

项目3 京鲁重地、华夏寻根——华北旅游区 ⋯⋯⋯⋯⋯⋯⋯⋯⋯⋯⋯⋯⋯⋯⋯⋯⋯ 26
 任务1 区域概况 ⋯⋯⋯⋯⋯⋯⋯⋯⋯⋯⋯⋯⋯⋯⋯⋯⋯⋯⋯⋯⋯⋯⋯⋯⋯⋯ 26
 任务2 旅游资源特征 ⋯⋯⋯⋯⋯⋯⋯⋯⋯⋯⋯⋯⋯⋯⋯⋯⋯⋯⋯⋯⋯⋯⋯⋯ 28
 任务3 主要游览地及景区 ⋯⋯⋯⋯⋯⋯⋯⋯⋯⋯⋯⋯⋯⋯⋯⋯⋯⋯⋯⋯⋯⋯ 30

项目4 冰雪林海、关东风情——东北旅游区 ⋯⋯⋯⋯⋯⋯⋯⋯⋯⋯⋯⋯⋯⋯⋯⋯⋯ 47
 任务1 区域概况 ⋯⋯⋯⋯⋯⋯⋯⋯⋯⋯⋯⋯⋯⋯⋯⋯⋯⋯⋯⋯⋯⋯⋯⋯⋯⋯ 47
 任务2 旅游资源特征 ⋯⋯⋯⋯⋯⋯⋯⋯⋯⋯⋯⋯⋯⋯⋯⋯⋯⋯⋯⋯⋯⋯⋯⋯ 50
 任务3 主要游览地及景区 ⋯⋯⋯⋯⋯⋯⋯⋯⋯⋯⋯⋯⋯⋯⋯⋯⋯⋯⋯⋯⋯⋯ 53

项目5 江南风姿、山水园林——华东旅游区 ⋯⋯⋯⋯⋯⋯⋯⋯⋯⋯⋯⋯⋯⋯⋯⋯⋯ 60
 任务1 区域概况 ⋯⋯⋯⋯⋯⋯⋯⋯⋯⋯⋯⋯⋯⋯⋯⋯⋯⋯⋯⋯⋯⋯⋯⋯⋯⋯ 60
 任务2 旅游资源特征 ⋯⋯⋯⋯⋯⋯⋯⋯⋯⋯⋯⋯⋯⋯⋯⋯⋯⋯⋯⋯⋯⋯⋯⋯ 62
 任务3 主要游览地及景区 ⋯⋯⋯⋯⋯⋯⋯⋯⋯⋯⋯⋯⋯⋯⋯⋯⋯⋯⋯⋯⋯⋯ 64

项目6 平湖山川、浪漫荆楚——华中旅游区 ⋯⋯⋯⋯⋯⋯⋯⋯⋯⋯⋯⋯⋯⋯⋯⋯⋯ 81
 任务1 区域概况 ⋯⋯⋯⋯⋯⋯⋯⋯⋯⋯⋯⋯⋯⋯⋯⋯⋯⋯⋯⋯⋯⋯⋯⋯⋯⋯ 81
 任务2 旅游资源特征 ⋯⋯⋯⋯⋯⋯⋯⋯⋯⋯⋯⋯⋯⋯⋯⋯⋯⋯⋯⋯⋯⋯⋯⋯ 83
 任务3 主要游览地及景区 ⋯⋯⋯⋯⋯⋯⋯⋯⋯⋯⋯⋯⋯⋯⋯⋯⋯⋯⋯⋯⋯⋯ 84

项目7 岭南风韵、连天山海——华南旅游区 ⋯⋯⋯⋯⋯⋯⋯⋯⋯⋯⋯⋯⋯⋯⋯⋯⋯ 92
 任务1 区域概况 ⋯⋯⋯⋯⋯⋯⋯⋯⋯⋯⋯⋯⋯⋯⋯⋯⋯⋯⋯⋯⋯⋯⋯⋯⋯⋯ 92
 任务2 旅游资源特征 ⋯⋯⋯⋯⋯⋯⋯⋯⋯⋯⋯⋯⋯⋯⋯⋯⋯⋯⋯⋯⋯⋯⋯⋯ 94
 任务3 主要游览地及景区 ⋯⋯⋯⋯⋯⋯⋯⋯⋯⋯⋯⋯⋯⋯⋯⋯⋯⋯⋯⋯⋯⋯ 96

项目 8 奇山异水、民族风情——西南旅游区 ··· 113
　　任务 1　区域概况 ·· 113
　　任务 2　旅游资源特征 ··· 116
　　任务 3　主要游览地及景区 ·· 118

项目 9 大漠绿洲、丝路西域——西北旅游区 ··· 131
　　任务 1　区域概况 ·· 131
　　任务 2　旅游资源特征 ··· 133
　　任务 3　主要游览地及景区 ·· 135

项目 10 世界屋脊、雪域藏乡——青藏高原旅游区 ·· 143
　　任务 1　区域概况 ·· 143
　　任务 2　旅游资源特征 ··· 145
　　任务 3　主要游览地及景区 ·· 147

参考文献 ·· 152

项目1 解读中国旅游地理

任务1 中国旅游地理研究的主要内容

学习目标

1. 掌握中国旅游地理四个方面的主要内容。
2. 培养严肃认真的工作态度。

问题与思考

我国国民经济不断发展,促进了我国旅游业的不断发展。中国旅游地理主要研究的内容有哪些?

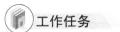工作任务

了解中国旅游地理四个方面的主要内容。调研本地的旅游资源,撰写报告。

预备知识

在我们赖以生存的地球上,有群山、高原、草原、沙漠、平原、火山、河流、湖泊、海岸,遗留下丰硕无比的文物诗篇、民俗风情与特产。

旅游的三要素为:旅游者、旅游资源、旅游业。旅游地理学研究的内容主要是围绕着旅游三要素与地理环境之间的关系展开的。中国旅游地理是在旅游地理学的理论指导下,对中国这个特定区域的旅游活动与地理环境的相互关系展开研究,这种研究更多是为满足中国旅游业区域发展对地理知识的实际需要。其研究的具体内容包括以下几个方面。

一、中国旅游者地理研究

旅游者是旅游活动的主体,在旅游活动与地理环境关系中扮演着重要的角色。随着中国旅游业的发展,对中外旅游者产生的旅游动机、偏好及空间行为等问题的研究成为中国旅游地理学的首要研究对象。这些研究内容主要侧重于对旅游者旅游行为产生过程的研究,包括感知环境、最大效益原则和旅游偏好等;对影响旅游者旅游决策因素的研究,包括旅游动机、旅游者的可自由支配的收入、闲暇时间和交通条件等;对旅游者旅游活动表现出来的空间规律的研究,包括旅游客流的发生、发展与特征等。对旅游客源市场的未来发展预测的研究也是旅游地理学研究的重要课题之一。

二、中国旅游资源地理研究

旅游资源是旅游活动的主要载体,是旅游行业发展的必备物质基础和必要条件。旅游资源研究是旅游地理学的一项主要研究内容。旅游资源的研究侧重于对旅游资源的分类、特征、地域分布规律、形成条件、调查、评价等方面的研究,也包括对旅游资源的保护、利用与环境容量的调查研究。

中国旅游资源(图1-1)是在特定的地理环境中孕育的。对中国旅游资源形成的地理背景及其类型、特征和调查、评价的研究有利于人们把握中国旅游资源的特征,从而进行相应的开发和利用。旅游资源调查是旅游资源开发的基础,客观的评价是旅游开发的重要依据和起点。中国旅游地理对旅游资源的研究已经为中国旅游业的发展发挥了巨大的作用。需要注意的是,旅游活动是依托地理环境而存在的,旅游开发必然会对环境产生影响,在促进旅游外部环境保护的同时又会使环境被破坏。因此,在对中国旅游资源的研究中,最重要的是旅游环境容量问题。旅游环境最大容量的研究是保证中国旅游业可持续发展的必要条件。

图1-1　我国优秀的旅游资源

三、中国旅游业地理研究

中国旅游业地理研究包括旅游区划、旅游地方特色定位与营造、区域旅游业发展战略与规划、旅游交通、旅游线路设计、旅游业各主要组成要素的空间结构与合理布局、区域旅游影响等的研究。旅游区划是对旅游区域的划分。合理的旅游区划是划分旅游区域特色、制定旅游发展战略以及进行规划的基础。旅游规划是发展旅游业必不可少的纲领性文件。它使旅游开发更加科学、规范。旅游交通是旅游者实现旅游活动的外部客观条件。旅游交通与地理条件有着紧密的联系。了解旅游交通的分类、发展、特点有利于合理安排旅游交通,提高区域可进入性以及进行合理的旅游交通规划布局。旅游开发使旅游目的地的区域经济、生态环境和社会文化诸方面发生变化,因此正确评价旅游开发的区域影响,对指导旅游业发展具有极其重要的意义,这也是中国旅游地理研究的主题和热点。

四、旅游信息系统与旅游地图研究

旅游信息系统与旅游地图研究包括各类旅游信息的收集与传播、旅游地理信息系统的建立和运用、旅游地图的绘制及使用的研究。旅游信息系统是对有关旅游的各类信息进行查询、分析乃至于管理的重要工具。旅游地图作为传统的研究手段,不但使中国旅游地理学的研究更加方便(如旅游资源区位的确定),而且让旅游研究更加明了(如旅游规划图的设计运用)。旅游信息系统与旅游地图是中国旅游地理学研究的主要技术手段。

中国旅游地理学作为一门新兴的学科,正在实践中不断丰富自身的学科内容,以更好地指导中国旅游业的发展,最终实现中国旅游业与社会经济的和谐发展。

 任务实施

中国旅游地理的主要内容:
(1)中国旅游者地理研究。
(2)中国旅游资源地理研究。
(3)中国旅游业地理研究。
(4)旅游信息系统与旅游地图研究。

 任务测评

针对四个方面的内容,教师对每一小组的学生进行评价,并提出改进措施。

 课后小结

根据任务完成情况进行小结。

姓名		组号		教师	
自我小结:					

任务2　中国旅游地理的实用价值

 学习目标

1. 掌握中国旅游地理三个方面的实用价值。
2. 培养严谨的工作态度。

 问题与思考

随着旅游业的不断发展,旅游地理学越来越受到重视。那么,旅游地理的实用价值体现在哪些方面?

工作任务

通过对旅游地理相关知识的了解,明确实用价值。熟练掌握中国旅游地理三个方面的实用价值。

预备知识

一、促进旅游事业健康发展

通过对旅游资源类型、分布、内涵和成因的学习,培养对旅游景观的认识和解说能力;通过对旅游景区的规划和旅游活动设计的探究,经历从旅游者到旅游从业人员的视角转换的过程,从而获得对旅游业的理论性和社会性体验;通过对旅游与区域发展过程的探究,认识旅游业在发展经济的同时,追求经济、社会、环境效益的协调发展,且不仅促进当代的发展,而且做到可持续发展。因此,旅游地理学要培养具有旅游素养的合格旅游者或有创新精神的后备从业人员,为旅游业的可持续发展作出贡献。图1-2为宁夏沙坡头的美丽风光。

图1-2　宁夏沙坡头

二、培养有地理素养的合格的现代公民

地理素养是一个人通过训练和实践而获得的地理知识、地理技能、地理意识和地理情感等的有机构成与综合反映,即地理价值观。地理素养的获得是一个知识逐步内化又逐步外显为行为和情感的过程,是个人不断确认、珍视并运用地理知识和技能达到熟练自然的过程。地理素养的核心是地理意识,它包含空间意识、环境意识、全球意识等,分别代表个人对一个地方各种人地关系、地方间各种人地关系和不同尺度地方间各种人地关系相对依存性的综合认识。不同的地理意识代表不同的地理价值观。它们是在地理认知达到一定境界后的自然感悟与意念流露。旅游地理的学习能培养人的地理素养或地理价值观。地理价值观指导人正确处理人地关系,促进人地关系的可持续发展,从而为社会的可持续发展作出贡献。

三、成为旅游者出游的得力参谋

旅游者在出行旅游时经常会考虑以下因素:①旅游的目的。旅游者出游时,会根据不同的出行目的(如,休闲旅游、度假旅游、专业学习、商务旅游、养身治疗等)选择旅游的目的地。②旅游目的地的可进入性。这包括前往旅游目的地的交通是否便利,距离的远近,交通工具的选择是否多样、舒适程度以及快慢与否。③旅游目的地的吸引力。目的地的吸引力是旅游者出行时考虑的最为重要的因素。④旅游目的地的交通情况。对于部分游客来说,除了旅游活动之外,其他的位移都需要借助交通工具来实现,因此旅游目的地交通情况就成了重要的考虑因素之一。⑤旅游目的地的餐饮条件。要将这些因素综合考虑在一起,就必须要学习相关的旅游地理理论知识。可见,旅游地理的相关理论为出行者选择出行目的地提供了必要的理论支撑。

(1)促进旅游业的健康发展。
请举例说明近几年我国旅游业不断持续健康发展的相关例子。
(2)培养有地理素养的合格的现代公民。
结合身边的实际例子,说一说有地理素养的公民应如何出行旅游?
(3)请说说自己在出行时考虑的主要因素。

教师依据学生回答的情况,进行分组点评,并给出测评成绩。

序　号	工作内容	完成情况	存在问题	改进措施
1	促进健康发展			
2	地理素养			
3	出行要素			

课后小结

根据任务完成情况进行小结。

姓名		组号		教师	
自我小结:					

任务3　中国旅游地理的学习方法

学习目标

1. 掌握中国旅游地理的五种学习方法。

2. 培养团队协作精神。

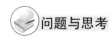

前面的课程学习了中国旅游地理的主要内容和学习方法,那么,怎么才能学好中国旅游地理,更好地为旅游业服务呢?

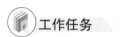

研究旅游地理的方法有很多,应该掌握其中主要的方法,并结合当地的旅游资源熟悉掌握。

唯物辩证法是学习和研究旅游地理学的方法论基础。由于旅游活动是综合性的社会实践活动,涉及自然、技术、经济、社会诸多因素,必须重视马克思主义的理论观点和科学方法论对本学科研究的指导作用,努力做到以正确的观点和方法阐明、揭示错综复杂的旅游地理现象。特别是要学会用全面、发展、一分为二的观点分析中国旅游地理的基本状况和内在规律。只有这样,才能正确理解、掌握和运用中国旅游地理的理论与知识。具体的学习方法有以下几种。

一、综合分析与主导原则法

旅游涉及面广,旅游资源和旅游景观又是在一定区域内表现出来的,因此影响旅游业及区域旅游特色方面的因素极多。综合分析就是把各种影响因素联系起来综合考虑,分析其对旅游主体、旅游媒体和旅游客体的影响,从中找出作用最大的主导因素,并以此为依据总结区域旅游的特征和发展方向。

二、类比法

区域的差异性和相似性是地理学研究的基础。对于旅游地理的庞杂知识体系,必须采取分类对比的方法才能掌握。在分类的基础上,要特别注意运用区域对比分析法进行对比分析,才能把握各区域旅游发展的地位和特色。

三、野外考察法

读万卷书,行万里路。作为一门涉及地域很广的学科,野外考察法是学习和研究旅游地理学传统且行之有效的科学方法。旅游地理是一个景观性、地域性、综合性很强的庞杂系统,只有对旅游资源、旅游景观的分布位置、形成原因、数量、特点、类型、功能和价值等进行野外考察,才能观察到各种地理现象,收集和积累大量的感性材料,作为理性分析的依据,从而对所学习和研究的区域旅游地理状况作出正确的评价。

四、统计调查分析法

统计调查分析法,是对大量实际调查资料进行加工、整理、分析,从中找出事物运动的内在联系及其发展规律的方法。旅游地理的知识体系庞杂,统计调查不可能面面俱到,抽样调查是常用的一种调查方法。例如,在景区、旅馆、机场、口岸请旅游者和旅行商填写调查表,了解旅游者的出游动机、兴趣、路线等。统计调查分析法又分为定性分析法和定量分析法。定性分析法,是建立在经验和逻辑思维的基础上,凭借各种调查资料,对旅游地理的内容进行分析判断的方法,如常用的历史分析法、数据描述法、多变量交叉影响分析法等。定量分析法,是建立在数学、统计学、计量学、系统论、运筹学以及电子计算机等科学的基础上,运用方程、图表、数字、模型,对收集到的数据进行分析和推测的方法,如常用的开平方统计分析法、对比分析法、回归分析法等。

五、多媒体辅助学习法

中国旅游地理课程内容多、知识性强、信息形式多样,给我们的学习带来了一定的难度,而信息技术的发展在一定程度上解决了这一难题。使用多媒体手段可以满足旅游地理知识直观和信息量庞大的要求,为我们全面、系统、科学、便捷地学习掌握和运用中国旅游地理知识提供了前所未有的有效手段。通过多媒体技术与互联网的运用,可以使用图像、声音等直观的手段,加强对抽象内容的记忆与理解,同时还可以通过多媒体手段进行模拟实习,大大提高学习的效率和效果。

任务实施

(1) 综合分析与主导原则法。
(2) 类比法。
(3) 野外考察法。
(4) 统计调查分析法。
(5) 多媒体辅助学习法。

任务测评

教师依据学生回答的情况,进行分组点评,并给出测评成绩。

序 号	工 作 内 容	完成情况	存在问题	改进措施
1	综合分析与主导原则法			
2	类比法			
3	野外考察法			
4	统计调查分析法			
5	多媒体辅助学习法			

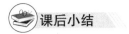 课后小结

根据任务完成情况进行小结。

姓名		组号		教师	
自我小结：					

项目 2　中国的旅游资源

任务 1　中国自然旅游资源

学习目标

1. 了解中国主要自然旅游资源的基本特征、旅游价值及分布状况；掌握旅游资源的主要代表性景区、景点。
2. 能够科学地解释自然旅游资源的形成与景观特色，并解读其内涵。

问题与思考

我国幅员辽阔，各种地形地貌形成了各具特色的旅游资源，常年吸引着海内外游客。那么，我国的自然旅游资源都有哪些？

工作任务

自然旅游资源主要包括地貌旅游资源、水体旅游资源、气象气候与天象旅游资源、生物旅游资源。我国地域辽阔，各种自然要素的分布与组合千差万别，造就了我国多彩的自然景观，自然旅游资源十分丰富。请列举出你知道的我国特色的旅游资源。

预备知识

一、地貌旅游资源

地貌旅游资源是自然旅游资源的重要组成部分。我国是个多山的国家，山地面积占国土总面积的 2/3 以上，地貌类型多种多样，不仅有山地、平原、丘陵、盆地、高原等常见地貌类型，还有在特殊条件下形成的花岗岩地貌、丹霞地貌、岩溶地貌、火山熔岩地貌、风成地貌、冰川地貌、海岸地貌等特殊地貌类型。它们以各自独特的形态特征及其与气象、水体、植被等自然要素的有机结合，构成了一幅幅美妙的大自然风景画，在旅游中发挥着不同的作用。

1. 花岗岩地貌

被节理分割成块的花岗岩，其棱角部位是最易风化的地方。久而久之，棱角逐渐圆化，方形岩块变成球状岩块。这种现象称为球状风化。球状风化是花岗岩最普遍、最典型的景观现象，也是花岗岩构景中最有代表性的景物。中国花岗岩地貌分布广泛，很多名山属于花岗岩地貌,如黄山、华山、泰山、九华山、天柱山、衡山、崂山、普陀山等。此外,厦门鼓浪屿和万石岩、泉州清源山、福州鼓山、上饶三清山等也是著名的花岗岩山地风景区。

2. 丹霞地貌

丹霞地貌为红色砂砾岩和砾岩在内外应力作用下发育而成的方山、奇峰、赤壁、岩洞等特殊地貌。因为岩石经过强烈氧化,富集红色的氧化铁,使岩体呈现红色,又由于富集程度的差别,进而产生色彩的变化,有紫色、绛红色、朱红色、浅红色等。此种地貌最早发现于广东仁化丹霞山,此山被视为丹霞地貌的典型,人们常形容其"赤壁丹霞",也曾被人们称为"假岩溶"。但是,丹霞地貌与岩溶地貌的根本区别在于岩性的不同和侵蚀方式以物理过程为主。丹霞地貌的分布以南方为主,北方次之,主要集中在广东、福建、江西、广西北部、湖南南部等地,尤其是以南岭山地和武夷山地最为集中。其杰出代表为广东丹霞山(图2-1)、福建武夷山(图2-2)。此外,江西龙虎山、安徽齐云山、承德棒槌峰等也是具有丹霞地貌的名山。

图2-1　丹霞山

图2-2　武夷山

3. 岩溶地貌

岩溶地貌又称喀斯特地貌。明末的徐霞客早已对此种地貌进行了大量、详尽的考察,并对其中某些地质现象进行了解释和命名。其时间早于西方学者100多年,考察范围也远大于西方学者。世界洞穴委员会承认徐霞客是岩溶地貌研究的鼻祖。我国因该地貌特点称之为岩溶地貌。

中国是世界上岩溶发育较完全、分布较广的国家之一。湖北和湖南两省西部,重庆市、山东省、山西省等均有分布。风景如画的广西桂林山水(图2-3)、九寨沟(图2-4)、黄龙就是这种地貌的典型代表。20世纪80年代以来,在全国广大石灰岩分布地区又陆续发现一批大型溶洞。著名的岩溶溶洞地貌景观有广东的凌霄岩、古佛岩、宝晶宫,浙江的瑶琳洞、灵栖洞,江苏的善卷洞、灵谷洞,江西的龙宫洞、玉壶洞,贵州的织金洞、安顺龙宫,辽宁的本溪水洞,安徽的太极洞,湖北的腾龙洞,北京的石花洞等。

4. 石英砂岩峰林地貌

石英砂岩峰林地貌是在夹有薄层砂质页岩的石英砂岩地层中,由于地壳稳定上升,经长期风化和重力作用而发生断裂和崩塌,同时充沛的地表流水又对其进行强烈的侵蚀,而形成的密度和规模很大,千姿百态的砂岩石峰。著名的石英砂岩峰林地貌景观有湖南武陵源等。

图2-3 桂林山水

图2-4 九寨沟

5. 火山熔岩地貌

火山熔岩地貌是因火山活动而形成的。火山喷发的熔岩流经冷却凝结,形成了各种奇异的地貌,包括火山锥、熔岩台地等。我国的火山活动遗迹主要分布在黑龙江、吉林、山西、台湾和云南等地。

黑龙江省的五大连池(图2-5)有我国最典型的火山熔岩景观,有"火山地貌博物馆"之称。此外,黑龙江省宁安市的镜泊湖、吉林长白山天池(图2-6)及周围地区、台湾大中、山西大同和云南腾冲,都分布着一些火山活动遗迹,形成风格独特的风景区。

图2-5 五大连池

图2-6 长白山天池

6. 风成地貌

我国西北内陆地区,气候干旱少雨,风速很大,风便成了塑造地貌形态的主要动力。这里分布着大面积的沙漠、戈壁,同时也分布着由风力侵蚀作用形成的风成地貌,以新疆乌尔禾最为典型。

7.冰川地貌

冰川地貌主要是指由冰川运动中的侵蚀和堆积作用,以及冰川融化过程中所造成的冰体地貌景观,总称冰川地貌。我国西部的高山高原地区分布着广泛的冰川地貌。我国已开发的冰川地貌风景区有四川贡嘎山的海螺沟,新疆阿尔泰山的喀纳斯冰川湖、天山的托木尔峰,云南的玉龙雪山等。

8.海岸地貌

海岸地带受风浪、沿岸海水流动、潮汐和生物、气候、入海河流等因素的作用,在地壳构造运动及岩性的共同影响下形成的地貌,称为海岸地貌,可分为海岸堆积地貌和海岸侵蚀地貌。

二、水体旅游资源

水体以它特有的魅力,成为旅游资源的重要组成部分。水是塑造自然景观的重要动力。水与山、动植物或建筑物的结合,在不同季节和不同的气候条件下,便构成了奇妙、多彩、文雅别致的风景名胜。中国水域面积广阔,河川稠密,湖泊星罗棋布,瀑布、泉点数不胜数,因此,水文风景旅游资源非常丰富,为旅游业提供了景象万千的资源。水景旅游资源主要包括河川、湖泊、峡谷与瀑布、泉等。

(一)江河旅游资源

我国是一个多河川的大国。流域面积1000平方千米以上的河流就有1580多条,大小河流总长度超过42万千米,通航里程长达10万余千米。长江、黄河、黑龙江、珠江、淮河等是我国有代表性的河流。

1.长江

长江(图2-7)发源于青藏高原唐古拉山主峰格拉丹冬雪峰,流经青海、西藏、四川、云南、重庆、湖北、湖南、江西、安徽、江苏、上海共11个省、自治区、直辖市,注入东海,全长6300多千米。长江干流在湖北宜昌以上为上游,湖北宜昌到江西湖口之间为中游,江西湖口以下为下游。

图2-7 长江

长江无论是长度、流域面积,还是入海流量、水力资源、通航里程等都居我国首位。整个流域有27万平方千米耕地,物产丰富,大城市集中,是我国经济最发达地区之一。长江两岸自然风光绚丽多姿,名胜古迹众多,使长江成为一条旅游的黄金水道。

2. 黄河

黄河(图2-8)发源于青藏高原巴颜喀拉山北麓的卡日曲,流经青海、四川、甘肃、宁夏、内蒙古、山西、陕西、河南、山东共9个省、自治区,注入渤海,全长5464千米,是我国的第二长河。黄河干流在内蒙古河口镇以上为上游,内蒙古河口镇到河南孟津之间为中游,河南孟津以下为下游。

图2-8 黄河(甘肃兰州段)

黄河流域被誉为中华民族的摇篮,也是世界文明的发祥地之一。千百年来,这里一直是中华民族的政治、经济、文化中心之一。西安、咸阳、洛阳、开封等都曾是盛极一时的历史文化名城。已发掘出的秦始皇陵兵马俑、半坡遗址等大量古文化、古人类遗址,是中华民族悠久历史的见证。此外,高原风光、黄土地貌、壶口瀑布、三门峡及小浪底水利枢纽工程等壮观景色每年都吸引着大批旅游者。

(二)湖泊旅游资源

湖泊水天一色,视野开阔,妩媚诱人,令人心旷神怡。湖泊通过其形、影、声、色、奇变化的多样性展示着特有的美感,吸引游人前往观赏。同时,湖泊还可开展垂钓、扬帆、游泳、品尝水鲜等多种水上活动。我国可作为旅游资源开发的湖泊数量可观,类型丰富,各具特色。

我国著名的湖泊旅游景观有西湖、鄱阳湖、洞庭湖、太湖、青海湖、镜泊湖、洱海、喀纳斯湖等。

(三)泉水旅游资源

泉水不仅为人类提供了理想的水源,也形成了许多观赏景观。泉水的旅游价值体现在可观赏、医疗保健、品茗酿酒等方面。如云南大理蝴蝶泉、西安华清池温泉、鞍山汤岗子温泉、黑龙江五大连池矿泉等。著名的历史名泉有济南趵突泉、无锡惠山泉、杭州虎跑泉、苏州观音泉和镇江中泠泉等。济南有"泉城"之称,福州有"温泉城"之称。

(四)瀑布旅游资源

瀑布通常由三个要素构成,即水流、陡坎和深潭。我国著名的三大瀑布为贵州黄果树瀑布、黄河壶口瀑布、镜泊湖吊水楼瀑布。另外,四川九寨沟瀑布群等也是中外闻名。

(五)海滨旅游资源

我国海岸线总长度3.2万千米。其中,大陆海岸线北起中朝边境的鸭绿江口,南到中越边境的北仑河口,全长1.8万千米;岛屿海岸线1.4万千米。海滨处于海陆之间,属于陆地的延伸部分。蓝天、阳光、海水、沙滩被称为最具吸引力的海滨旅游资源。我国各地的海滨充满了特有的风韵。著名的海滨旅游景区有大连—旅顺口海滨、北戴河海滨、青岛海滨、厦门海滨、三亚海滨和台湾垦丁海滨等。

三、气象气候与天象旅游资源

(一) 气象气候景观

地球圈气象与气候的变化对大气景观的形成起着重要的作用。变化多样的气象气候导致了大气旅游资源的灵活多变,从而形成了丰富多彩的大气景观。大气旅游资源不仅包括很多常见的自然景观,还包括在特殊的条件下形成的罕见自然奇观。

1. 云、雾、雨

云、雾、雨是温暖湿润地区出现的景观,薄云、淡雾、细雨笼罩在山间或平原产生一种朦胧美。流云的变幻莫测,产生一种气势磅礴之美。我国的风景名山都有云海景观,最著名的是黄山云海,其次为衡山云海、庐山云海等。

我国著名的云雾景观还有西湖十景之"双峰插云"、峨眉山十景之"罗峰晴云"、蓬莱十景之"狮洞烟云"、太白山八景之"平安云海"、庐山的瀑布云、大理点苍山的玉带云和望夫云等。

2. 冰雪

冰雪是纬度较高的地区寒冷季节或海拔较高的高山地区才能见到的气象景观。我国江南在冬季寒潮来临之际才可能降雪,并形成冰雪景观,如西湖胜景之一的"断桥残雪"。降雪往往使大自然形成银装素裹的冰雪世界,再配以高山、森林等自然景观,可构成奇异的冰雪风光,如东北"林海雪原"、关中"太白积雪"、长沙"江天暮雪"等。冰雪艺术景观是人们用冰雪雕塑成各种造型的景观。素有"冰城"之称的哈尔滨,每年的冰雪节都举行大型冰雕、冰灯、雪雕的展出活动。冰雪运动有"白色旅游"之称,泛指以在冰上或雪地上进行各种运动(如滑雪、冰壶等)为主题的旅游活动。

3. 雾凇、雨凇

雾凇俗称树挂,是雾气在低于0℃时,附着在物体上而直接凝华生成的白色絮状凝结物。它集聚包裹在附着物外围,漫挂于树枝、树丛等景物上。我国雾凇出现最多的是吉林省吉林市(图2-9)。

图2-9 吉林雾凇

雨凇是在低温条件下,小雨滴附着于景物之上冻结的半透明、透明的冰层与冰块。雨凇的产生必须是低层空气有逆温现象,小水滴从上层气温高于零度的空气中,下降至下层气温低于零度的空气中,处于过冷却状态,过冷却水滴附着在寒冷的物体表面,立即冻结成块。我国峨眉山雨凇最多,庐山雨凇被誉为"玻璃世界"。

4. 佛光

佛光是在光线衍射和漫反射作用下产生的一种特殊自然景观。佛光一般出现于中低纬度地区及高山茫茫云海之中。人站在山上,若光线从背后射来,当太阳、人与云幕在一条直线上,会在前面云幕上出现人影或头影,其外围绕彩色光环,似佛像头上的光圈,故称佛光。峨眉山佛光出现次数最多,且湿度大,风速小,故最精彩,有"峨眉宝光""金顶祥光"之誉。

5. 蜃景

蜃景也称海市或海市蜃楼。蜃景的成因是由于气温在垂直或水平方向剧烈变化,使空气密度在垂直或水平方向上出现显著差异,从而产生光线折射和全反射现象,导致远处景物在眼前呈现出奇幻景观,一般出现在海滨或沙漠地区。

(二) 天象奇观

在某些特殊的条件下,可以看到一些奇特的自然景观,如日月食、日月并升、极昼极夜、陨石、流星雨等。这些现象的产生,并不是由于地球本身及其所包含的大气圈、水圈、生物圈、岩石圈相互作用的结果,而是由于地球作为太阳系的一个星球,在太阳系内与太阳、月球等天体做相对运动而产生的现象,并且还有一定的规律性,可借助科学的手段预测得到。

1. 日出、日落

日出与日落绚丽壮观,只有在天地交界的地平线处才能看到,因此海滨或山顶成为最理想的观看地。朝霞与晚霞和日出与日落交相辉映时,常常构成一幅幅绚丽、壮美的画卷。我国这类著名的观景点有泰山的日观峰、华山的东峰、庐山的汉阳峰、峨眉山的金顶和北戴河的鹰角亭等。

2. 极光

极光是高纬度地区的高空出现的一种发光现象。它是太阳发出的高速带电微粒子流到达地球磁场势力范围时,受地球磁场影响,从高纬度进入地球高空稀薄大气层时,使高层空气分子或原子被激发而造成的发光现象,多呈带状、弧形等。我国黑龙江漠河(图2-10)和新疆阿尔泰都有极光出现。

图2-10 漠河北极村极光

3. 日食、月食

日食和月食,都是一种罕见的天象奇观,引起了人们普遍的关注。日食是月球遮掩太阳的一种天象。只有朔日,地球才可能位于月球的背日方向,因之日食只发生于朔日。2009年7月22日发生在我国长江流域的日全食吸引了成千上万的天文爱好者及游客。月食是地球遮掩太阳后,月球因没有可被反射的阳光,而失去光明的一种天象。只有望日,月球才可能位于地球的背日方向,因此月食只发生于望日。

四、生物旅游资源

生物是自然界中最活跃、最有生机的因素,是生态环境的主体,也是自然景观的重要组成部分。它对净化、美化自然环境,提高旅游地的观赏价值,有着特殊意义。

(一)植物旅游资源

植物旅游资源在生物界中,以植物群落的构成风貌最为突出。植被是自然环境特征的重要标志,是构成一个地区的主体风光。当旅游者形成"山清水秀""热带雨林""温带草原景色"等概念时,其中植物起着至关重要的作用。

1. 古树名木

我国具有特殊观赏价值和历史价值的古树名木繁多,最为著名的有:相传为黄帝手植的"轩辕柏",台湾"阿里山神木"古红桧树,广东新会天马河占地达1公顷的一棵古榕树,被称为中国国宝的黄山"迎客松",我国最大的名贵古树园曲阜孔林。我国特有的珍稀树种水杉、银杏、银杉、珙桐等被称为"化石植物"。

2. 草原

我国的天然草原有众多的类型,不同地域的草原呈现出不同的自然风光。我国草原多分布于西部半干旱地区及高寒地区,主要包括内蒙古、青海、西藏、天山四大草原。内蒙古草原属典型的温带草原,干湿季荣枯变化大。青藏地区两大草原均属高寒草原,草类矮小,但面积辽阔,有雪山、湖泊映衬,风光旖旎。天山草原分布在天山南北坡森林带上下,上为高寒草原,下为温带草原,大斜坡上的高山草原别有一番令人陶醉的风光。

3. 花卉

花卉有各式各样的形状和大小,在色彩上更是千变万化、层出不穷。单朵的花又常排聚成大小不同、式样各异的花序。这些复杂的变化形成了不同的观赏效果。

4. 植物园

植物园是以植物科学研究为主,以引种驯化、栽培实验为中心,培育和引进国内外优良品种,不断发掘扩大野生植物资源在农业、园艺、林业、医药、环保、园林等方面的应用的综合研究机构和展览性公共绿地。

5. 森林公园

森林因其天然古朴的自然风貌深为旅游者所青睐。中国的森林公园分为国家森林公园、省级森林公园和市县级森林公园三级。张家界有我国第一个国家级森林公园——张家界国家森林公园(图2-11)。

图2-11　张家界国家森林公园

(二) 动物旅游资源

动物资源是自然界的宝贵财富,也是供人们娱乐、观赏、狩猎和垂钓的重要旅游资源。

1. 陆地动物

陆地动物是指那些主要生活在陆地上的爬行动物、哺乳动物等。我国的陆地动物中具有不少的珍稀物种,如中国国宝大熊猫、中国独有的金丝猴和华南虎,以及世界屋脊的白唇鹿、藏羚羊等。

2. 水生动物

水生动物主要包括以水环境为主要生活场所或生活在近水区域的动物,包括鱼类、爬行类、哺乳类等。中华鲟、扬子鳄、大鲵、白鳍豚等为我国的珍奇保护动物。

3. 鸟类动物

大部分鸟类会随气温的变化而进行大规模的迁徙活动,由此形成了不少的观鸟胜地。我国著名的观鸟胜地有黑龙江扎龙(图2-12)、青海湖鸟岛、鄱阳湖等。

图2-12　黑龙江齐齐哈尔扎龙自然保护区

4. 昆虫

昆虫是当今地球上种类和个体数量最多的动物类群,至今被正式命名和描述过的150万种生物物种中,昆虫就有90多万种。昆虫分布范围极其广泛,无论是高山、平原、沙漠,还是湖泊、海洋,处处都有它们活跃的身影。利用昆虫旅游资源开发旅游景点,对丰富旅游内容、拓宽旅游者的知识视野、发展旅游业都有着极其重要的意义。

5. 动物园、动物放养观赏区

动物园是指集中饲养、展览和研究种类较多的野生动物及附有少数优良品种家禽家畜,进行科普教育与科学研究的场所。我国现有城市动物园220余所,以北京、上海、广州三大动物园规模最大、驯养的动物最多。

任务实施

(1)地貌旅游资源。

(2)水体旅游资源。

(3)气象气候与天象旅游资源。

(4)生物旅游资源。

任务测评

教师依据学生回答的情况,进行分组点评,并给出测评成绩。

序 号	工 作 内 容	完成情况	存 在 问 题	改进措施
1	地貌旅游资源			
2	水体旅游资源			
3	气象气候与天象旅游资源			
4	生物旅游资源			

课后小结

根据任务完成情况进行小结。

姓名		组号		教师	
自我小结:					

任务2 中国人文旅游资源

 学习目标

1.了解中国主要人文旅游资源的基本特征、旅游价值及分布状况;掌握旅游资源的主要代表性景区、景点。

2.能够科学地解释人文旅游资源的形成与景观特色,并解读其内涵。

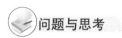 **问题与思考**

我国历史文化悠久,形成了独特的人文旅游资源,每年有海内外游客通过来中国旅游,学习中国文化。那么,我国的人文旅游资源都有哪些?

工作任务

人文旅游资源是由各种社会环境、人民生活、历史文物、文化艺术、民族风情和物质生产等构成,由于各具传统特色,而成为旅游者游览观赏的对象。它们是人类历史文化的结晶,是民族风貌的集中反映,既含有人类历史长河中遗留的精神与物质财富,也包括当今人类社会的各个侧面。请同学们归纳总结古都名城、著名建筑、文化遗址等人文景观的特点。

预备知识

我国是一个有数千年历史的文明古国,人文旅游资源十分丰富,主要包括古都名城、文化遗址、古代建筑、古代工程、古典园林、宗教古迹、风土民情等。

一、古都名城

城市的出现是人类历史发展的必然,它对人类文明的进步起着极为重要的作用。历史文化名城对今天的人们了解历史发展和进步有着重要的意义。截至2016年4月17日,国务院已将129座城市列为中国历史文化名城,并对这些城市的文化遗迹进行了重点保护。这些城市有的曾被各朝帝王选作都城,有的曾是当时的政治、经济重镇,有的曾是重大历史事件的发生地,有的因拥有珍贵的文化遗迹而享有盛名,有的则因出产精美的工艺品而著称于世。

二、文化遗址

(一) 古人类文化遗址

古人类文化遗址是指从人类形成到有文字记载的历史以前的人类活动遗址,包括古人类化石、原始聚落遗址等。这些遗址反映了长达几百万年的人类进化史,可以划分为旧石器时代和新石器时代两个阶段。

我国旧石器时代古人类文化遗址主要有:云南元谋、陕西蓝田、北京周口店、陕西大荔(图2-13)、广东马坝、山西丁村、山西许家窑、广西柳江、四川资阳、北京山顶洞等。

图2-13 陕西大荔文化遗址

我国新石器时代古人类文化遗址主要有:陕西西安半坡仰韶文化遗址、浙江余姚河姆渡文化遗址、浙江余杭良渚文化遗址、山东大汶口文化遗址、山东龙山文化遗址等。

(二) 名人故居

历史名人以其辉煌成就、优秀品质载入史册之中,其故居也因人而名,得到保护并成为参观瞻仰的场所、历史文化旅游的热点。由于历史的沧桑变化,众多年代久远的历史名人故居已无迹可寻,或无法考证,或面目全非。因此,国内目前保存较好的多为近代的历史名人故居,主要为1840年鸦片战争以来的。中国的历史名人故居遍布全国各地,以东部地区为多,尤其是北京市、广州市等地现存有许多中国近代史上风云人物的活动场所,如孙中山行馆、宋庆龄故居、徐悲鸿故居、鲁迅故居(图2-14)、郭沫若故居等。

图2-14 鲁迅故居

(三) 革命遗址及纪念地

自鸦片战争以来的中国近代历史,是一部不断反抗外来侵略和封建统治,争取民族独立和民族解放的革命斗争史。为了纪念革命前辈和先烈们,弘扬爱国主义和革命奋斗精神,他们进行革命活动的一些旧址得到了认真的保护,修建了纪念馆,形成了革命遗址及纪念地。上海的中国共产党第一次代表大会的会址(图2-15)、北京宛平中国人民抗日战争纪念馆等已成为人们经常前往瞻仰、纪念的场所。

图2-15 中国共产党第一次代表大会会址

三、古代建筑

建筑是人类基本的实践活动成果之一,也是人类文化的一个重要组成部分。我国古代劳动人民在漫长的历史进程中,创造了光辉灿烂的建筑艺术。中国古代建筑以其独特的取材、巧妙的结构和别具风格的造型艺术在世界建筑史上占有重要地位。

(一) 宫殿建筑

宫殿是帝王处理朝政或宴居的建筑物,是中国古代建筑最高级、最豪华的类型。根据考古发掘证明,早在夏代就出现了宫殿。到了东周时期,列国宫殿的规模远远超过了前代。秦汉以来至唐,宫殿规模更为宏大,但大多数都在王朝更替或是宫廷政变时被毁。今天我国所能看到的保存完好的宫殿建筑群主要有三处:北京故宫(图2-16)、沈阳故宫、拉萨布达拉宫(图2-17)。

图2-16 北京故宫

图2-17 拉萨布达拉宫

(二) 礼制建筑

礼制建筑起源于祭祀。在中国古代传统文化思想中,包含着对祖先的崇敬,对土地、粮食、天地、日月等各种神的崇拜,对各种文神、武神及其他神的崇敬。伴随着对这些神的崇敬和祭祀,产生了许多的坛、庙、祠等礼制建筑。著名的礼制建筑有北京的天坛、社稷坛、太庙,山东曲阜孔庙,四川成都武侯祠等。

祭天在南郊的天坛,时间在冬至日;祭地在北郊的地坛,时间在夏至日。因为万物生长靠太阳,所以必须去日坛祭日,祭日在东郊的日坛,时间在春分日。因为月亮是夜明之神,所以又必须去月坛祭月,祭月在西郊的月坛,时间在秋分日。因为祭天、地、日、月等活动都在郊外进行,所以统称为郊祭。

(三)楼阁建筑

楼阁为两层或两层以上的建筑,古代多为木结构。从作用来划分,楼阁建筑主要有以下七种:①城门楼和其他军事防御性楼阁;②报时性楼阁;③藏书楼;④供神、祭神楼阁;⑤戏楼;⑥倡导文教、提倡文风的楼阁;⑦观景、赏景楼阁。我国古楼阁分布广泛,形制多样,现存多为明清建筑。其中黄鹤楼、岳阳楼与滕王阁合称为中国三大名楼。

四、古代工程

(一)军事防御工程

长城(图2-18)是我国古代一项最伟大的防御建筑工程,也是世界建筑史上的伟大奇迹之一。在我国历史上,自西周开始至清代,共有20多个诸侯国和王朝修建过长城,历时长达2000多年。长城分布于中国的北部和中部,总计长度达21196.18千米。

图2-18 巍峨的长城

秦代,秦始皇灭六国完成统一后,为了防御北方匈奴的南侵,于公元前214年将秦、赵、燕长城连接起来,西起临洮,东至辽东,俗称"万里长城"。汉长城东起辽东,西至莆昌海,是汉武帝在三次征服匈奴的基础上修建的,规模宏大,不仅抵御了匈奴的南下,而且保护了通往西域的丝绸之路。

现在所看到的保存较完好的长城是约600年前明代重修的。它西起甘肃嘉峪关,东至辽、冀交界的山海关老龙头,绵延6000多千米,规模浩大,气势雄伟。

(二)水利工程

我国历史上先后兴建的水利工程以京杭大运河、都江堰(图2-19)、坎儿井、灵渠最为著名。它们对地区乃至全国的经济、政治发展曾起过或仍在起着重大作用,是古人因地制宜、科学改造自然的产物,是劳动人民智慧的结晶,现在已成为颇有吸引力的重要旅游资源。

图 2-19　都江堰水利工程

(三)古代路桥

1. 故道

中国历史上曾修筑了多种道路,按类型大致可分为驰道、驿道、栈道等。其规模和工程的难度不仅在当时堪称壮举,即使在具备了现代化技术与设备的今天也并非易事。

驰道,是中国历史上最早的"国道",供帝王出巡之用,始于秦朝。公元前 221 年,秦始皇统一六国,第二年就下令修筑以咸阳为中心的、通往全国各地的驰道。其中著名的驰道有 9 条。

驿道,供邮递之用,规格较低,长度在驰道之上。汉代驿道已可通西南少数民族地区,唐有驿道通北方突厥,金有蜀道通上京(今黑龙江阿城区),元有驿道通四川。这些驿道现多因年久失修而湮灭。

2. 古桥

桥梁是重要的道路工程。我国的建桥历史悠久,13 世纪至 16 世纪建桥技术和桥型艺术已达到世界先进水平。

我国遗存古桥甚多,不胜枚举。河北赵州桥、北京卢沟桥(图 2-20)、福建洛阳桥、广东湘子桥并称为中国四大古桥。

图 2-20　北京卢沟桥

五、古典园林

我国园林有"凝固的诗,立体的画"之称,既收入了自然山水美的千姿百态,又凝集了社会美和艺术美的精华,体现了人与自然的和谐之美。我国著名的皇家园林有北京的颐和园和北海、承德的避暑山庄等;著名的私家园林有苏州的沧浪亭、拙政园(图2-21)、留园、网师园,无锡的寄畅园,扬州的个园,上海的豫园,东莞的可园,番禺的余荫山房等。

图2-21　苏州拙政园

六、宗教古迹

我国著名的宗教旅游胜地有:四大佛教名山、四大道教名山及其山中的寺庙、道观,还有白马寺、大明寺、灵隐寺等著名佛寺,重阳宫、永乐宫、白云观等著名道观;四大石窟;著名佛塔,如山西应县木塔(佛宫寺释迦塔的俗称)、陕西西安大雁塔(图2-22)和小雁塔、河南嵩山嵩岳寺塔、云南大理崇圣寺三塔等;著名教堂,如上海徐家汇天主教堂、北京西什库天主教堂、福建莆田大教堂、哈尔滨圣索菲亚教堂等;著名清真寺,如广州怀圣寺、泉州清净寺、扬州仙鹤寺、杭州凤凰寺、喀什艾提尕尔清真寺、北京牛街清真寺等。

图2-22　西安大雁塔

七、风土民情

我国是一个多民族的国家,各地的风土民情是我国历史文化遗产的重要组成部分,也形成了丰富多彩的人文旅游资源。其主要内容包括各民族习俗(民居、服饰、饮食、礼仪禁忌等)、传统节日、传统文化艺术等。如节庆活动有蒙古族的那达慕大会、傣族的泼水节、藏族雪顿节、彝族火把节、壮族歌圩等;传统文化艺术有蒙古族长调、维吾尔族木卡姆、纳西族东巴文化等。

任务实施

(1)古都名城、文化遗址。
(2)古代建筑、古代工程。
(3)帝王陵墓、古典园林。
(4)宗教古迹、风土民情。

任务测评

教师依据学生回答的情况,进行分组点评,并给出测评成绩。

序 号	工作内容	完成情况	存在问题	改进措施
1	名城、遗址			
2	建筑工程			
3	帝陵、园林			
4	古迹人情			

课后小结

根据任务完成情况进行小结。

姓名		组号		教师	
自我小结:					

项目 3　京鲁重地、华夏寻根
——华北旅游区

任务 1　区 域 概 况

学习目标

1. 掌握中国华北地区的主要概况。
2. 培养严肃认真的工作态度。

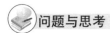问题与思考

我国华北地区的省份都有哪些？华北地区的水系、交通等基础设施又是怎样的？

工作任务

结合中国地理地图册，说一说华北地区的基本山脉河流和这些省份中著名的山川河流都有哪些。

预备知识

华北旅游区包括北京、天津、河北、河南、山东、山西、陕西五省二市。该地区地理位置优越，地貌结构复杂，为发展旅游业提供了丰富的自然旅游资源。同时，该地区又是华夏文明的主要发祥地，拥有大量的历史文物、名胜古迹，为旅游业的发展又提供了良好的人文旅游资源和发展空间，是我国旅游热点地区之一。

一、地貌类型种类齐全，自然景观丰富

华北地区地貌类型种类齐全，复杂多样，从西到东分布着高原、高山、盆地、丘陵、平原、海洋等地貌结构，横跨我国地势的第二和第三阶梯：主要包括冀北山地、太行山地、秦晋高原、关中平原、陕南山地、山东丘陵和华北平原等几个地貌区。该地区著名的旅游景点有泰山、华山、太白山、香山、恒山、燕山、五台山、山海关等。

二、暖温带季风气候显著

华北旅游区位于中纬度暖温带气候区，东临渤海、黄海，西北及西南部以群山为屏，在东

亚季风环流的控制下,形成以暖温带大陆性季风气候为主的气候特征,春旱多风,夏热多雨,秋高气爽,冬寒少雪。

三、水体旅游资源丰富

黄河穿行在陕西、山西、河南和山东四省,沿途有晋陕峡谷、黄土高原、壶口瀑布、地上河、水电站、河口等景观河段。海河水系主要由北运河、大清河、永定河、南运河等河流汇成,经天津入渤海。由于受气候因素的影响,京、津、冀有河水补给不足的现象,所以在黄河、海河等部分河段修建了水库,对调节气候、水量起到了很好的作用,其中密云水库、官厅水库等许多库区形成旅游佳地。同时,华北地区的东部省市河北、天津及山东濒临渤海、黄海两大海域,海滨旅游资源丰富,有北戴河、昌黎海岸、青岛海滨等一批著名疗养胜地。

四、便捷的交通网

华北旅游区的交通四通八达,形成以铁路、公路为骨干,海运、航空为辅助的立体化交通运输网。北京、天津、西安、郑州均为我国重要的交通枢纽。尤其北京是全国铁路的中心,多条高铁线路将全国各大中城市及旅游景区紧密连为一体。高速公路的不断发展,使华北地区的旅游交通更加便捷。海运承担对外交通和发展地区经济的重任。著名的港口有天津、秦皇岛、青岛、烟台等,它们本身还是旅游胜地。北京还是我国航空运输中心。

任务实施

结合地图册,说说我国华北地区的重要旅游景点,并说说你对该地区的了解。

任务测评

针对四个方面的内容,教师对每一小组的学生进行评价,并提出改进措施。

课后小结

根据任务完成情况进行小结。

姓名		组号		教师	
自我小结:					

任务2　旅游资源特征

学习目标

1. 掌握旅游资源的三个方面的特征。
2. 培养团队协作的精神。

问题与思考

我国旅游业不断发展,一年四季全国各地都有各种旅游资源。那么,旅游资源的主要特点有哪些?

工作任务

我国的旅游业蓬勃发展,了解旅游资源三个方面的主要内容。调研本地的旅游资源,总结当地旅游资源的主要特点,撰写报告。

预备知识

一、地貌形态复杂,名胜景点众多

依山临海,平原广阔,丰富的地貌类型,使得华北地区的自然旅游资源类型齐全且各具特色,具有较高的游览、观赏价值。华北地区的山地、丘陵分布比较广泛,许多山地、丘陵很有名,如五岳中的泰山、华山、嵩山、恒山等。五台山是我国四大佛教名山之一。在华北地区广阔的平原之上,还分布有许多著名的天然湖泊或人工湖泊,如河北白洋淀、北京颐和园昆明湖及北海公园(图3-1)等。除此之外,华北地区还兼具海滨风光、瀑布景观等,如青岛海滨、北戴河(图3-2)、黄河壶口瀑布等。

图3-1　北海公园

图3-2　北戴河

二、华夏文明的标志,文物古迹众多

华北地区大部分属于中华民族的"母亲河"黄河中下游,是华夏文明兴起的地方。有蓝田猿人、周口店猿人、龙山文化等不同阶段古文化遗址。中国历史上最辉煌、最有影响的朝代都在此建都。在中华数千年的文明史中,华北地区都是中国的政治、文化和经济的中心。

华北地区无论是地上文物,还是地下文物,都是中国最丰富的。主要的旅游资源有北京故宫、明十三陵、天坛、颐和园、山西应县木塔、秦始皇陵兵马俑、黄帝陵等。另外,华北地区的文化艺术特色鲜明,民风民俗古朴淳厚,如北京京剧、山东快书、陕西秦腔、河南豫剧等均深受广大中外游客的喜爱。华北地区所生产的特种工艺品和民间工艺品历史悠久,风格独特,也很受广大旅游者欢迎,其中以玉雕、唐三彩、景泰蓝、风筝等最为驰名。

三、大陆性季风气候典型,旅游业淡旺季明显

华北地区受地理纬度及地形的影响,属于典型的暖温带大陆性季风气候,春秋短而冬夏长,冬冷夏热,对比悬殊,降水量整体偏少且多集中于夏季。春、夏、秋三季自然景观丰富多彩,而冬季略显单调。由于气候的原因,华北地区春、夏、秋为旅游旺季,冬季为淡季。

请利用周末休息的时间,到当地的旅游景点进行调研,分析本地四季旅游资源的特点,并撰写报告。

针对三个方面的特点,教师对各小组的学生进行评价,并提出改进措施。

课后小结

根据任务完成情况进行小结。

姓名		组号		教师	
自我小结:					

任务3 主要游览地及景区

1. 掌握我国华北地区的主要景区。
2. 掌握北京市、天津市的主要旅游景点具体情况。
3. 掌握河北省、山东省、河南省、山西省、陕西省的旅游景点情况。

问题与思考

我国华北地区的省份都有哪些？这些省市的主要旅游景点有哪些？你都去过其中的哪些？

华北地区有着丰富的旅游资源，景点众多，特点各异，每一处都是休闲度假的好去处。请介绍一下该地区的主要旅游资源，并总结各省市其他的旅游景点。

一、北京市

(一) 概况

北京市，简称京，为中央直辖市之一，是我国的首都。全市地域面积1.64万平方千米。坐落在华北平原北缘的山麓地带，地势西北高，东南低。北京是全国政治、经济、科学、文化和国际交往的中心，著名的国际旅游城市，文物古迹众多，旅游资源丰富。主要的旅游资源有天安门广场、故宫博物院、天坛公园、颐和园、八达岭长城、明十三陵、恭王府、奥林匹克公园等。

(二) 主要游览地及著名景区

1. 天安门广场

天安门广场是北京的中心。北起天安门(图3-3)，南至正阳门，东起中国国家博物馆，西至人民大会堂，东西宽500米，南北长880米，总面积44万平方米，是世界上最大的城市中心广场。广场中央矗立着人民英雄纪念碑和庄严肃穆的毛主席纪念堂，广场西侧是人民大会堂，东侧是中国国家博物馆，南侧是两座建于14世纪的古代城楼正阳门和前门箭楼。整个广场宏伟壮观、整齐对称、浑然一体、气势磅礴。天安门两边是劳动人民文化宫和中山公园。这些雄伟的建筑与天安门浑然一体，构成了天安门广场，成为北京的一大胜景。

2. 故宫博物院(世界文化遗产;5A景区)

故宫又称紫禁城，是明、清两代的皇宫，是世界现存最大、最完整的木质结构的古建筑群，现为故宫博物院。故宫始建于明永乐四年(1406年)，占地72万平方米，有大小宫殿70多座，房屋8700多间。故宫的建筑依据其布局与功用分为"前朝"与"内廷"两大部分。"前朝"与"内廷"以乾清门为界，乾清门以南为前朝，以北为内廷。前朝以太和殿、中和殿、保和殿三大殿为中心,位于整座皇宫的中轴线。其中,三大殿中的太和殿,是皇帝举行大典和召见群臣、行使权力的主要场所。内廷以乾清宫、交泰殿、坤宁宫为中心,东西两翼有东六宫和西六宫,后有御花园,是皇帝处理日常政务之处,也是皇帝与后妃太子们居住、游玩和祭神的地方。

图3-3　天安门城楼

3. 天坛公园(世界文化遗产;5A景区)

天坛(图3-4)坐落在北京市东城区永定门内大街,占地273万平方米,是我国目前最大的坛庙建筑。天坛始建于明永乐十八年(1420年),面积相当于故宫的近四倍。天坛有两重坛墙,分为内坛和外坛。内外两重坛墙北为圆形,南为方形,象征"天圆地方"。主要建筑集中于内坛的南北中轴线上。圆丘坛在南,祭天,有圜丘、皇穹宇等;祈谷坛在北,祈谷,有祈年殿、皇乾殿等。祈年殿,高32米,殿顶琉璃瓦用象征天空的深蓝色,殿内全用木料造成。皇穹宇内供有"皇天上帝"牌位。皇穹宇周围圆墙巧用声波反射原理,形成了著名的回音壁,是我国四大回音建筑之一。圜丘是当年祭天的主祭坛,站在其最高层的天心石上呼喊,会听到从四面八方传来响亮的回音。

4. 颐和园(世界文化遗产;5A景区)

颐和园(图3-5)位于北京市海淀区西北郊,占地面积290公顷,是以昆明湖、万寿山为基址,以杭州西湖风景为蓝本,汲取江南园林的某些设计手法和意境而建成的一座大型天然山水园,是我国现有保存最完整的古典皇家园林。慈禧每到夏季即来此避暑长住,并例行朝政,故颐和园又有"夏宫"之称。

图3-4　天坛

图3-5　颐和园

这座巨大的园林依山面水。昆明湖是清代皇家诸园中最大的湖泊,西堤及其支堤以及堤上的六座桥是有意识地模仿杭州西湖把湖面划分为三个大小不等的水域。万寿山以高41米的佛香阁为中心,是颐和园的精华所在。东宫门区在颐和园最东边,原是清朝皇帝从事政治活动和生活起居的地方,包括朝见大臣的仁寿殿和南北朝房、寝宫、大戏台、庭院等。仁寿殿在颐和园大门东宫门内,是慈禧太后和光绪皇帝坐朝听政、会见外宾的大殿。以乐寿堂、玉澜堂、宜芸馆等庭院为代表的生活区,是慈禧、光绪及后妃居住的地方。

5. 八达岭长城(世界文化遗产;5A景区)

八达岭长城(图3-6)位于北京市延庆区军都山关沟古道北口,是中国古代伟大的防御工程——长城的重要组成部分,是明长城的一个隘口。八达岭景区以八达岭长城为主,以其宏伟的景观、完善的设施和深厚的文化历史内涵而著称于世。比如,人们常说"不到长城非好汉",就是指的八达岭长城。该段长城地势险峻,居高临下,是明代重要的军事关隘和首都北京的重要屏障。

图3-6 八达岭长城

6. 奥林匹克公园(5A景区)

奥林匹克公园地处北京市中轴线北端,位于北京市朝阳区安立路,设有10个比赛场馆、奥运村,以及相应的配套设施。奥林匹克公园中心区是举办2008年北京奥运会的主要场地,总占地面积1135公顷。

国家体育场,又称"鸟巢"(图3-7),位于奥林匹克公园中心区南部,是奥林匹克公园的标志性建筑物之一。2008年奥运会后成为北京市民广泛参与体育活动及享受体育娱乐的大型专业场所,并成为地标性的体育建筑和奥运遗产。

国家游泳中心,又称"水立方"(图3-8),是北京为2008年奥运会修建的主游泳馆,也是北京奥运会的标志性建筑物之一。水立方是根据细胞排列形式和肥皂泡天然结构设计而成的,它的膜结构已成为世界之最。水立方与鸟巢分别位于中轴线两侧,一方一圆,遥相呼应,构成了"人文奥运"的独特风景线。

图3-7 鸟巢

图3-8 水立方

二、天津市

(一) 概况

天津市,简称津,为中央直辖市之一,得名于明初"天子津渡"。明永乐二年(1404年)在此筑城设卫,故有"天津卫"之称。天津市地处华北平原东北部,环渤海湾的中心,东临渤海,北依燕山。天津地域面积1.19万平方千米。天津既是我国北方重要的港口城市、交通枢纽和最大的沿海开放城市,又是京畿出海门户、航空口岸。自金、元时代起,由于漕运兴盛,工商业兴起,文化也相应繁荣,因此天津历史遗存、遗址和文物收藏都较为丰富。主要的旅游景点有津门故里、盘山、独乐寺等。

(二) 主要游览地及著名景区

1. 天津古文化街旅游区——津门故里(5A景区)

天津古文化街(图3-9)位于南开区东北隅东门外,海河西岸,系商业步行街,现在属津门十景之一。古文化街由宫南大街、宫北大街和宫前广场三部分组成,全长580米,街宽7米。天后宫位于全街中心,全部建筑为砖木结构,建筑格调为仿清、民间、小式的风格,是目前天津市最大的一处仿古建筑群。

图3-9 天津古文化街

2. 独乐寺

独乐寺位于天津蓟州区城西门内,始建于唐太宗贞观十年(636年),辽代统和二年(984年)重建,主体建筑是庑殿顶的山门和歇山顶的观音阁。独乐寺(图3-10)山门是我国现存最早的庑殿顶古建筑,门上悬挂的"独乐寺"匾额相传是明代官吏严嵩所题。

图3-10 独乐寺

山门内两侧有两尊高大的天王塑像守卫两旁,是辽代彩塑珍品,山门后面还有清代绘制的四大天王壁画。独乐寺山门正脊的鸱尾(鸱吻),长长的尾巴翘转向内,犹如雉鸟飞翔,十分生动,是我国现存古建筑中年代最早的鸱尾实物。

三、河北省

(一) 概况

河北省,简称冀,省会石家庄。河北在战国时期大部分属于赵国和燕国,所以河北又被称为"燕赵之地"。河北环抱首都北京,东与天津市毗连,东南部、南部临山东、河南两省,西与山西省为邻,西北部、北部与内蒙古自治区交界,东北部与辽宁省接壤,总面积达18.77万平方千米,东边紧傍渤海,海岸线长487千米。河北省是全国唯一兼有高原、山地、丘陵、平原、湖泊和海滨的省份,也是旅游资源大省。主要的旅游资源有承德避暑山庄及周围寺庙、白洋淀、山海关、北戴河、西柏坡、野三坡、清东陵、清西陵等。

(二) 主要游览地及著名景区

1. 石家庄市(省会)

石家庄市地处河北省西南部,简称"石",河北最大的城市,距首都最近的省会城市,是全省的政治、经济、科技、金融、文化和信息中心,华北地区重要的商业贸易市场流通中心和物流中心,国家重要交通枢纽,被誉为"火车拉来的城市"。因毛泽东在石家庄市平山县西柏坡指挥了震惊中外的三大战役,又被誉为"新中国的摇篮"。主要的旅游资源有西柏坡、隆兴寺、赵州桥、苍岩山、嶂石岩、封龙山、天桂山等。

2. 西柏坡景区(5A景区)

西柏坡景区(图3-11)位于河北省平山县,是全国著名的五大革命圣地之一。西柏坡是解放战争后期党中央和中国人民解放军总部所在地,是解放全中国的最后一个农村指挥所。西柏坡纪念馆藏品原件较多,革命文物有2000多件,其中一级品8类15件。基本陈列有革命遗址复原陈列和纪念馆辅助陈列。革命遗址复原陈列有毛泽东、朱德、刘少奇、周恩来、任弼时、董必武的旧居,中国共产党七届二中全会会址,中共中央九月会议会址,中国人民解放军总部,中共中央接见国民党和平代表旧址等。纪念馆辅助陈列通过文物、文献、图片、资料,系统、形象地反映了中共中央和领袖们在西柏坡期间的革命实践活动。

图3-11 西柏坡景区

3. 承德避暑山庄(世界文化遗产;5A景区)

承德避暑山庄(图3-12)又称热河行宫,是清朝皇帝为了安抚、团结少数民族,巩固国家统一的政治目的而修建的一座宫苑,由避暑山庄和周围庙宇组成。

图3-12 承德避暑山庄

避暑山庄坐落于河北省北部承德市中心以北的狭长谷地上,建于康熙四十二年(1703年),竣工于乾隆五十七年(1792年),占地564万平方米,是中国现存最大的古典皇家园林。避暑山庄按中国地理形貌选址设计,以西北山区、东南湖区、北部平原区之形状地貌构成中国版图的缩影,享有"中国地理形貌之缩影"的美誉。园内有亭、阁、轩、榭、庙宇等120余组景观,融南秀北雄为一体,集全国名胜为一园,可谓"山庄咫尺间,乃作万里观"。

4. 山海关景区(5A景区)

山海关位于秦皇岛市东北15千米,因北倚燕山,南连渤海,故得名山海关。它是明长城的东北关隘之一,在1990年以前被认为是明长城东端起点,有"天下第一关"之称。景区由老龙头、孟姜女庙、角山、天下第一关等六大风景区组成。

山海关的城池,周长约4千米,城高14米,厚7米,是一座小城,整个城池与长城相连,以城为关。全城有四座主要城门,并有多种古代的防御建筑,是一座防御体系比较完整的关城。山海关是一座文化古城,现存明代城墙建筑基本完好,主要街道和小巷大部分保留原样,特别是保存下众多的一批四合院民居使得古城更加典雅古朴。关城东门上悬有巨幅匾额,上书"天下第一关"。长城过山海关向南延伸直至海边,全部由石料筑成,高约10米,伸入海中约20米,似龙头伸入大海,故名"老龙头"。

5. 白洋淀景区(5A景区)

白洋淀景区(图3-13)位于河北省保定市境内的安新县,是河北省最大的淡水湖。它的总面积为366平方千米,被3700多条沟壕、12万亩芦苇、5万亩荷花分割成143个大小不等的淀泊,其中白洋淀面积最大,故以此命名。白洋淀中有多条河流将各个淀泊连在一起,从而形成沟壕纵横、河淀相连、芦荡莲塘星罗棋布,淀泊既相互分割,又相互连接的布局。白洋淀内有村庄,有田园、沟壕和苇田,将整个淀区分割成一个个大小不等的淀泊,形成淀中有淀、田园交错、沟壕纵横相连、水域辽阔的特有自然景观。白洋淀水域辽阔,物产丰富,绷鱼、鲤鱼、河蟹等远近闻名,莲、藕、菱、芡更是久负盛名,并有大面积的芦苇荡和千亩连片的荷花淀,素有"华北明珠"之称。《小兵张嘎》《雁翎队》等优秀文学作品,更给白洋淀染上了浓郁的文化和传奇色彩。

6. 清东陵、清西陵(世界文化遗产)

清东陵(图3-14)坐落在河北省遵化市境内,占地78平方千米,是我国现存规模宏大、体系完整、布局得体的帝王陵墓建筑群。清代有顺治、康熙、乾隆、咸丰、同治五位皇帝埋葬于此,陵寝分别为孝陵、景陵、裕陵、定陵、惠陵。另外还有慈安、慈禧等四座皇后陵、五座妃园和一座公主陵等。顺治皇帝的孝陵位于南起金星山、北达昌瑞山主峰的中轴线上,位置至尊无上,其余皇帝陵寝则按辈分的高低分别在孝陵的两侧呈扇形东西排列开来。

图 3-13 白洋淀景区

清西陵(图3-15)位于河北省保定市易县,是清朝皇室陵寝群之一,由四个皇帝陵、三个皇后陵,以及若干座公主、妃子陵寝等组成,包括雍正的泰陵、嘉庆的昌陵、道光的慕陵和光绪的崇陵。清西陵以雍正泰陵为主体,首居山下中心位置,后代帝王则相间分葬在东、西两侧。

图 3-14 清东陵

图 3-15 清西陵

四、河南省

(一)概况

河南省,简称"豫",省会郑州。位于中国中东部、黄河中下游,东接安徽、山东,北接河北、山西,西接陕西,南临湖北,呈望北向南、承东启西之势。全省总面积16.7万平方千米。河南是中华民族的发祥地之一,从夏代到北宋,先后有20个朝代建都或迁都于此,长期是全国政治、经济、文化中心。

(二)主要游览地及著名景区

1. 郑州市(省会)

郑州市位于河南省中部偏北、黄河下游南岸,北临黄河,西依嵩山,东南为广阔的黄淮平原,是河南省的政治、经济、文化和交通中心,京广、陇海两大铁路干线在此交会,素有"中国铁路心脏"之美誉。郑州的旅游资源丰富,代表性的景点有嵩山、少林寺、塔林、中岳庙等。

2. 嵩山少林寺景区(世界文化遗产;5A景区)

少林寺(图3-16)位于嵩山南麓,始建于北魏太和十九年(495年),因地处少室山脚密林之中,故名。北魏孝昌三年(527年),印度高僧菩提达摩来到少林寺,首传禅宗,因此被尊为中国佛教禅宗的初祖。少林寺包括少林寺常住院、塔林、初祖庵、二祖庵、达摩洞、十方禅院、武术馆等主要建筑群。少林寺主体为常住院,中轴线建筑共七进,由南向北依次是山门、天王殿、大雄宝殿、藏经阁、方丈院、达摩亭、千佛殿等。

图3-16　嵩山少林寺

3. 龙门石窟(世界文化遗产;5A景区)

龙门石窟位于洛阳市南郊伊河两岸的龙门山与香山上,是中国四大石窟之一,开凿于北魏孝文帝年间,之后历经东魏、西魏、北齐、隋、唐、五代、宋等朝代,连续大规模营造达400余年之久,南北长达1千米,造像10万余尊,碑刻题记2800余品。奉先寺是龙门石窟规模最大、艺术最为精湛的一组摩崖群雕窟,开凿于唐高宗初年,是皇后武则天拿出脂粉钱两万贯建造的,最为特别的是中间那尊卢舍那佛像。

4. 殷墟(世界文化遗产;5A景区)

殷墟(图3-17)是中国商代后期都城遗址,位于安阳市殷都区小屯村周围,横跨洹河两岸,由殷墟王陵遗址与由殷墟宫殿宗庙遗址、洹北商城遗址等共同组成,规模宏大,气势恢宏。商代从盘庚到帝辛(纣),在此建都、经营达254年。

殷墟遗址总面积约24平方千米。遗址遗存丰富,分布密集,包括宫殿、宗庙区及铸铜、制骨、制陶等手工业作坊区和居民区、王陵区、平民墓地等部分。其中出土有大量青铜器、玉器、骨角器、陶器等遗物,包括后母戊鼎等著名的精美青铜礼器。此外,殷墟是商代甲骨文的发现地,出土甲骨卜辞15万余片,包括单字4000多个。甲骨文是中国迄今为止发现的最早的文字,为研究商代晚期历史提供了重要而丰富的资料。

5. 白云山景区(5A景区)

洛阳白云山景区(图3-18)位于河南省洛阳市嵩县南部伏牛山腹地,已开发白云峰、玉皇顶、鸡角曼、九龙瀑布、原始森林五大观光区和白云湖、高山森林氧吧、高山牡丹园、留侯祠、芦花谷五大休闲区。整个景区融山、石、水、洞、林、草、花、鸟、兽为一体,雄、险、奇、幽、美、妙交相辉映。现已成为中原地区集观光旅游、度假避暑、科研实习、寻古探幽为一体的复合型旅游区。

图 3-17　殷墟遗址

图 3-18　河南白云山

6. 清明上河园景区(5A 景区)

清明上河园是一处位于开封市龙亭湖西岸的宋代文化主题公园。它是以画家张择端的写实画作《清明上河图》为蓝本,以《营造法式》为建设标准,以宋朝市井文化、民俗风情、皇家园林和古代娱乐为题材,以游客参与体验为特点的文化主题公园。该园集中再现了原图中的风物景观和宋代民俗风情,展示了世界闻名的古都汴京千年繁华的胜景。

7. 尧山中原大佛景区(5A 景区)

尧山中原大佛景区(图 3-19)位于平顶山市鲁山县西。尧山也称大龙山,是尧的裔孙刘累立尧祠纪念先祖的地方,为天下刘姓发源地,又因山上众多石峰酷似人形,被后人称为石人垛、石人山。尧山的奇峰怪石、山花、红叶、飞瀑、温泉、湖面、云海、原始森林、珍禽异兽及人文景观构成了完整的风景体系。大佛总高 208 米,身高 108 米,莲花座高 20 米,金刚座高 25 米,须弥座高 55 米。整体佛像铸造用铜 3300 吨、黄金 108 千克、特殊钢 15000 余吨,表面面积 11300 平方米,通过焊接 13300 块铜板而成。

图 3-19　尧山中原大佛景区

8. 龙潭大峡谷景区(5A 景区)

龙潭大峡谷景区(图 3-20)位于洛阳市新安县北部,是一条以典型的红岩嶂谷群地质地貌为主的峡谷景区。谷内关峡相望、潭瀑联珠、壁立万仞、峡秀谷幽,经过 12 亿年的地质沉积和 260 万年的水流切割旋蚀所形成的高峡瓮谷、山崩地裂奇观堪称世界一绝,人间少有。景区内有六大自然谜团:水往高处流、佛光罗汉崖、巨人指纹、石上天书、蝴蝶泉、仙人足迹。

图 3-20 龙潭大峡谷景区

五、山东省

(一) 概况

山东,简称"鲁",省会济南。古为齐鲁之地,因在太行山之东,故名山东。山东位于中国东部沿海、黄河下游、京杭大运河中北段,省会济南。山东是中国文化的源头和中华民族的重要发祥地之一,孔子及其儒家思想就诞生在这里。山东经济发达,旅游资源丰富。

(二) 主要游览地及著名景区

1. 天下第一泉景区(5A 景区)

天下第一泉景区,位于济南市中心,总面积3.1平方千米,由"一河(护城河)、一湖(大明湖)、三泉(趵突泉、黑虎泉、五龙潭三大泉群)、四园(趵突泉公园、环城公园、五龙潭公园、大明湖风景区)"组成。

趵突泉(图 3-21)位于济南市中心区,是济南七十二名泉之首,被誉为"天下第一泉",也是最早见于古代文献的济南名泉。该泉水分三股,昼夜喷涌,水盛时高达数尺。所谓"趵突",即跳跃奔突之意,反映了趵突泉三窟迸发、喷涌不息的特点。

大明湖(图 3-22)是繁华都市中一处难得的天然湖泊,素有"泉城明珠"的美誉。大明湖是由众泉汇流而成的天然湖泊,泉水由南岸流入,水满时从宋代修建于北岸的北水门流出,湖底由不透水的火成岩构成,常年保持较固定的水位。这里有历下亭、铁公祠、南丰祠、北极庙等三十余处名胜古迹掩映于绿树繁花之间,展现出悠久的历史文化。

图 3-21 趵突泉

图 3-22 大明湖

2. 泰山(世界自然、文化双重遗产;5A景区)

泰山(图3-23)位于泰安市北,古称岱山、岱宗,春秋时始称泰山。主峰玉皇顶海拔1532.7米,为山东最高峰。泰山拔起于齐鲁丘陵之上,主峰突兀,山势险峻,峰峦层叠,形成"一览众山小"和"群峰拱岱"的高旷气势。

泰山风景区以泰山主峰为中心,呈放射状分布,由自然景观与人文景观融合而成。它既有秀丽的麓区、静谧的幽区、开阔的旷区,又有虚幻的妙区、深邃的奥区;还有旭日东升、云海玉盘、晚霞夕照、黄河金带等十大自然奇观。人文景观布局重点从泰安城西南祭地的社首山、蒿里山至告天的玉皇顶,形成"地府""人间""天堂"三重空间。岱庙是山下泰安城中轴线上的主体建筑,前连通天街,后接盘道,形成山城一体。

3. 曲阜明故城"三孔"旅游区(世界文化遗产;5A景区)

曲阜明故城始建于明朝,为护卫孔庙而建。明故城内分布着孔庙、孔府、颜庙以及历代孔宅府第、古泮池乾隆行宫等文物古迹,集中体现了鲁国古都曲阜古老的城市风貌和深厚的文化底蕴。

孔庙(图3-24)始建于公元前478年,是中国现存规模仅次于故宫的古建筑群,堪称中国古代大型祠庙建筑的典范。孔庙共有九进院落,纵向轴线贯穿整座建筑,左右对称,布局严谨,纵630米,横140米,有殿、堂、坛、阁460多间,门坊54座,御碑亭13座,占地面积约95000平方米。孔庙内的圣迹殿、十三碑亭及大成殿东西两庑,陈列着大量碑碣石刻。特别是这里保存的汉碑,在全国是数量最多的。历代碑刻亦不乏珍品。孔庙碑刻之多仅次于西安碑林,所以有"第二碑林"之称。

图3-23 泰山　　　　　　　　　　　图3-24 孔庙

孔府也称"衍圣公府",是孔子嫡系长孙历代衍圣公的官衙住宅。经多次扩建,奠定了今天的规模,成为我国仅次于故宫的贵族府第,号称"天下第一家"。孔府内存有大批历史文物,最著名的是"商周十器",亦称"十供",以及元、明、清各代各式衣冠剑履、袍笏器皿,另有历代名人字画,其中元代七梁冠为国内仅存。

孔林又称至圣林,是孔子及其子孙后代的家族墓地。孔林现有坟冢10万余座,是世界上延时最久、规模最大的家族墓地。孔林里有古树数万株,茂密参天。

4. 崂山景区(5A景区)

崂山(图3-25)位于青岛市区以东的黄海之滨,面积为446平方千米,三围大海,背负平川,主峰"巨峰"海拔1132.7米,是我国万里海岸线上的最高峰,自古有"海上名山第一"之称。南线的太清宫景区,东线的仰口景区,中线的南、北九水景区,西线的华楼景区,北线的鹤山景区,中部的巨峰景区,皆各具特色,异彩纷呈。崂山是一座道教名山,是领略道教文化的好地方。

5. 蓬莱阁景区(5A景区)

蓬莱阁景区(图3-26)位于烟台市胶东半岛最北端,以"海市蜃楼"闻名中外,是我国历史上的海防重镇。蓬莱水城设计精巧完备,是国内现存最早的、保存完好的古代海军基地。蓬莱自古就有"仙境"之称,与方丈、瀛洲并列为传说中的三大仙山。著名的神话"八仙过海"便源于此地。主要景点有蓬莱阁、戚继光故里、水师府、古船博物馆、田横山和丹崖山等。

图3-25　崂山景区

图3-26　蓬莱阁景区

6. 台儿庄古城(5A景区)

台儿庄古城(图3-27)坐落于枣庄市台儿庄区境内,地处山东省的最南端,既是民族精神的象征、历史的丰碑,也是运河文化的承载体,至今仍保留有不少的遗存。这里现在仍有被世界旅游组织誉为"活着的古运河"的3千米京杭运河遗存,并因而被称为"京杭运河仅存的遗产村庄"。重建后的台儿庄古城内保存了53处战争遗迹。

7. 沂蒙山景区(5A景区)

沂蒙山景区(图3-28)位于山东省中南部,包含沂山景区、蒙山龟蒙景区、蒙山云蒙景区三个景区,核心景区面积148平方千米,是世界文化遗产齐长城所在地,也是世界著名养生长寿圣地。

图3-27　台儿庄古城

图3-28　沂蒙山景区

沂蒙山旅游区自然风光秀丽,生态资源优良,森林覆盖率高,是得天独厚的"天然氧吧"。沂蒙山素有"三十六峰、七十二崮"之称,海拔千米以上的高峰有15座,层峦叠嶂,奇峰竞秀,最高峰龟蒙顶海拔1156米。沂蒙山是东夷文化、镇山文化发祥地,历史文化底蕴丰厚,目前已发现大汶口文化、龙山文化、岳石文化等遗址几十处。

六、山西省

(一) 概况

山西省因居太行山以西而得名,春秋时期大部分地区为晋国所有,所以简称"晋",省会太原。山西历史悠久,文化灿烂,是中华文明发祥地之一,炎帝、尧、舜、禹都曾建都立业于此,中国历史上第一个国家政权夏朝也建立在这里。它是我国旅游资源富集的省份,境内拥有全国保存完好的宋、金以前地面古建筑物的70%以上,享有"中国古代建筑艺术博物馆"的美誉。主要的旅游资源有晋祠、云冈石窟、应县木塔、恒山、五台山和平遥古城等。

(二)主要游览地及著名景区

1. 太原市(省会)

太原市位于山西省中北部的晋中盆地,山西省省会,简称"并"(别称并州,古称晋阳),濒临汾河,三面环山,自古就有"锦绣太原城"的美誉。太原是太原经济圈和我国中西部地区重要的中心城市,山西省的政治、文化、金融中心和国际交流中心。太原旅游资源丰富,代表性的景点有晋祠、天龙山石窟、龙山石窟等。

2. 晋祠

晋祠位于太原市西南,号称晋中第一名胜,始建于北魏,是一座拥有近百座殿堂楼阁、亭台桥榭的祠庙园林。圣母殿为祠内主要建筑,坐西向东,位于中轴线终端,是为祭祀姜子牙的女儿、周武王的妻子、周成王的母亲邑姜所建。重檐歇山顶,黄绿色琉璃瓦剪边;面阔七间,进深六间;四周有廊,为我国现存最早的木构围廊。圣母殿是我国宋代建筑的代表作。

3. 云冈石窟(世界文化遗产;5A 景区)

云冈石窟(图3-29)位于大同市,是我国四大石窟之一,最早开凿于北魏和平年间(460—465年),距今有1500多年的历史。石窟依山开凿,规模恢宏,气势雄浑,东西绵延约1千米。窟区自东而西依自然山势分为东、中、西三区。尤其第二十窟的露天大佛释迦牟尼是云冈石窟最有名的大佛,由于前壁和窟顶崩塌,本来藏在洞窟内的主尊像完全暴露在外面。

4. 恒山

恒山(图3-30),位于大同市浑源城南,有"绝塞名山"的美誉,主峰天峰岭海拔2016.1米,号称"人天北柱",叠嶂拔峙,气势雄伟,被誉为北国万山之宗主。恒山作为道教活动场所由来已久,相传道教八洞神仙之一的张果老就是在恒山隐居潜修,并在恒山留下了大量的仙踪遗迹和神话传说。景区以双峰并峙的天峰岭和翠屏峰为中心,包括天峰岭景区、翠屏峰景区、千佛岭景区、温泉景区和浑源城景点群,其中最受游人欢迎的有恒山脚下的悬空寺。

图 3-29 云冈石窟

图 3-30 北岳恒山

5. 五台山(世界文化景观遗产;5A 景区)

五台山(图3-31)位于忻州市五台县境内,因五座山峰如五根擎天大柱拔地而起,峰顶平坦如台，故名。五台山是文殊菩萨的道场，为我国四大佛教名山之一，并以其悠久的历史文化和规模宏大的寺庙建筑群位居四大佛教名山之首。五台山的五峰分别为：东台望海峰、西台挂月峰、南台锦绣峰、北台叶斗峰、中台翠岩峰。五峰之外称台外，五峰之内称台内，台内以台怀镇为中心。其中北台最高，海拔3061.1米，有"华北屋脊"之称。

6. 平遥古城（世界文化遗产）

平遥古城（图3-32），位于山西中部平遥县内，是一座具有2700多年历史的文化名城，是我国"保存最为完好的四大古城"之一，也是中国仅有的以整座古城申报世界文化遗产获得成功的两座古县城之一（另一座为丽江古城）。平遥古城基本上呈方形，东、西、北三面直，南面弯曲。全城共有六座城门，南北各一，东西各二。平遥古城有"龟城"之称，面积为2.25平方千米，以市楼为中心，由纵横交错的四大街、八小街、七十二巷构成一张八卦图，城池虽小，但固若金汤。平遥古城主要的旅游景点有明代城墙、中国第一家票号"日昇昌"、古县衙、城隍庙、财神庙、镇国寺等。

图3-31 五台山

图3-32 平遥古城

七、陕西省

（一）概况

陕西省，简称陕或秦，省会西安。位于中国内陆腹地，东邻山西、河南，西连宁夏、甘肃，南抵四川、重庆、湖北，北接内蒙古，居于连接中国东、中部地区和西北、西南地区的重要位置。从北到南可以分为陕北高原、关中平原、秦巴山地等三个地貌区。秦岭山脉作为中国南北气候分界线横贯全省东西。

（二）主要游览地及著名景区

1. 西安市（省会）

西安市古称长安、京兆，位于渭河流域中部的关中平原，是西北地区第一大城市，中国国家区域中心城市，国家重要的科研、教育和工业基地。西安也是我国著名的九大古都之一，历史悠久，先后有周、秦、汉、唐等13个王朝在这里建都，是中国历史上建都时间最长、建都朝代最多、影响力最大的都城，有"秦中自古帝王州"的美誉。西安是丝绸之路的起点，世界四大文明古都之一，旅游资源得天独厚，代表性的景点有秦始皇陵兵马俑、碑林、大雁塔、华清池等。

2.秦始皇陵兵马俑博物馆(世界文化遗产;5A景区)

秦始皇陵兵马俑博物馆(图3-33、图3-34)坐落在距西安37千米的临区东,南倚骊山,北临渭河,气势宏伟。1974年,在秦始皇帝陵东发现三个大型陪葬的兵马俑坑,并相继进行发掘和建馆保护。三个坑呈品字形,总面积20780平方米,坑内置放与真人、真马一般大小的陶俑、陶马共约7400件。三个坑分别定名为一、二、三号兵马俑坑。一号坑最大,坑深约5米,东西长230米,南北宽62米,面积14260平方米,坑内估计有6000余陶俑、陶马,现已发掘出武士俑1000余尊、战车8辆、陶马32匹、各种青铜器近万件,井然有序地排列成环形方阵。二号兵马俑坑平面呈曲尺形,面积6000平方米,是一坐西朝东,由骑兵、步兵、弩兵和战车混合编组的大型军阵。三号兵马俑坑的平面呈凹字形,面积约520平方米,与一、二号坑是一个有机的整体,似为统帅三军的指挥部。

图3-33 兵马俑博物馆

图3-34 兵马俑

3.西安碑林博物馆

西安碑林,始建于北宋哲宗元祐二年(1087年),原为保存唐开成年间镌刻的《开成石经》而建,后经历代收集,规模逐渐扩大,清始称"碑林"。西安碑林陈列有从汉到清的各代碑石、墓志共2300余件,是我国古代收藏碑石时间最早、数目最大的一座艺术宝库,也是我国现今最大的石质书库。这里碑石如林,故名。

西安碑林博物馆现有馆藏文物11000余件,其中国宝级文物134件、一级文物535件。著名的"昭陵六骏"就有四骏藏于该馆。西安碑林博物馆由碑林、石刻艺术和其他文物展览三部分组成,共12个展室。其中博物馆的第一陈列室内,陈列有《开成石经》(刻成于唐开成二年),是我国现存唯一一部完整的石刻经书。西安碑林内容丰富,既是我国古代书法艺术的宝库,又汇集了古代的文献典籍和石刻图案,记述了我国文化发展的部分成就,反映了中外文化交流的史实,因而驰名中外。

4.大雁塔—大唐芙蓉园景区(世界文化遗产;5A景区)

大雁塔—大唐芙蓉园景区位于西安曲江新区核心区域,总面积3.8平方千米,是中国唯一的唐文化主题景区,汇聚了"六园一城一塔"的景观。"六园"即大唐芙蓉园、曲江池遗址公园、唐城墙遗址公园、唐大慈恩寺遗址公园、寒窑遗址公园、秦二世陵遗址公园;"一城"即大唐不夜城;"一塔"即大雁塔。

大雁塔又名大慈恩寺塔,位于西安市南郊大慈恩寺内,是唐朝佛教建筑艺术杰作。此塔修建于唐永徽三年(652年),是楼阁式砖塔,通高64.5米,塔身七层,塔体呈方形锥体,由仿木结构形成开间,由下而上按比例递减。塔内有木梯可上,每层的四面各有一个拱券门洞,可以凭栏远眺,俯视西安古城。南门外砖龛内有唐太宗和唐高宗御笔撰书的《大唐三藏圣教序》和《大唐皇帝述三藏圣教序记》碑文,均由大书法家者褚遂良楷书写成,是研究唐代宗教、历史、书法的珍贵文物。大雁塔是西安市的标志性建筑和著名古迹,是古城西安的象征,是去西安的必游之地。民间道:"不到大雁塔,不算到西安。"

5. 华山(5A 景区)

华山(图3-35)位于渭南华阴市境内,距西安120千米,是我国著名的五岳之一,素有"奇险天下第一山"之誉。华山由一块完整硕大的花岗岩体构成,由东、西、南、北、中五峰组成,分别为东峰朝阳峰、西峰莲花峰、南峰落雁峰、北峰云台峰、中峰玉女峰。其中,南峰海拔为2154.9米,是华山最高主峰,也是五岳的最高峰。华山宫院众多,从山麓至绝顶,处处可见。规模宏大的西岳庙是历代帝王祭祀华岳的神庙。此外还有玉泉院、东道院、镇岳宫、仙姑观等宫院。

6. 黄帝陵(5A 景区)

黄帝陵(图3-36),是中华民族始祖黄帝轩辕氏的陵墓,位于延安市黄陵县城北桥山,号称"天下第一陵"。黄帝陵古称"桥陵",为中国历代帝王和著名人士祭祀黄帝的场所。据记载,最早举行祭祀黄帝的时间为公元前442年。陵区景点包括天下第一陵、黄帝手植柏、轩辕桥、陵墓区、轩辕庙、诚心亭、挂甲柏等。天下第一陵陵墓封土高3.5米,周长48米,环冢砌以青砖花墙,陵前有明嘉靖十五年(1536年)碑刻"桥山龙驭",意为黄帝"驭龙升天"之处。再前为一祭亭,歇山顶,飞檐起翘,气宇轩昂。黄帝手植柏位于轩辕庙院内,高20余米,胸围10余米,苍劲挺拔,冠盖蔽空,叶子四季不衰,层层密密,像个巨大的绿伞。相传它为轩辕黄帝亲手所植,距今近5000年,是世界上最古老的柏树。

图3-35 华山

图3-36 黄帝陵

任务实施

(1)请在旅游地图上找出华北旅游区目前所有的世界遗产的位置。
(2)请在旅游地图上找出华北旅游区目前所有的5A景区的位置。
(3)举例说明华北旅游区的旅游资源有哪些特征。
(4)请设计一条能体现"黄河中下游华夏古文明旅游资源特色"的5日游旅游线路。要求:包含线路特色、主要5A景区(含图片)、设计理念,制作成PPT,并完成线路的推介。

任务测评

教师依据学生回答的情况,进行分组点评,并给出测评成绩。

序　号	工 作 内 容	完 成 情 况	存 在 问 题	改 进 措 施
1	标注世界遗产			
2	标注5A级景区			
3	华北旅游特点			
4	设计旅游路线			

 课后小结

根据任务完成情况进行小结。

姓名		组号		教师	
自我小结：					

项目4 冰雪林海、关东风情
——东北旅游区

任务1 区域概况

学习目标

1. 了解东北旅游区的概况。
2. 了解东北地区气候、经济、交通等基本情况。

问题与思考

东北地区是我国的大粮仓,也有许多得天独厚的旅游资源。那么大家都知道东北地区的哪些基本情况呢?比如行政区划、自然资源情况等等。

工作任务

结合中国地图册,说说东北地区的基本情况、旅游景点的集中区域、交通经济发展的情况。

预备知识

东北地区西起大兴安岭,东至长白山,北至黑龙江,南抵辽东半岛,北、东、南各方分别与俄罗斯、朝鲜为邻,包括黑龙江、吉林、辽宁三省。东北地区面积约80万平方千米,民族以汉族为主,有满族、回族、蒙古族、朝鲜族、锡伯族、赫哲族、达斡尔族、鄂伦春族、鄂温克族等少数民族,是我国主要的少数民族聚居区之一。

一、三面环山,平原中开的地貌形态

东北旅游区地貌分布规律性强,最外围除西部连陆外,其他三面被江河湖海所环绕,故呈山环水绕之势,有4000千米的河道在国境线上。大兴安岭北侧是黑龙江的干流;东部的山地以东有乌苏里江、图们江、鸭绿江诸水系;平原的南部为辽河水系、渤海和黄海。

综观东北地区的地形,主要由半环形向南开的三个地带组成,西、北、东三面为大兴安岭、小兴安岭、长白山围成的半圆状的马蹄形。在山脉的环抱中是三江平原、松嫩平原和辽河平原组成的东北大平原,是我国最大的平原。东北平原土地肥沃,是我国重要的粮食和林业生产基地。

东部山地,即广义的长白山,北起完达山脉北麓,南至千山山脉老铁山,长约1300千米,东西宽约400千米,由多列东北—西南向平行的山脉和盆地、谷地组成。长白山主峰白云峰是由火山喷发形成的。长白山向南延伸的千山山脉,插入黄海、渤海之间,构成辽东半岛的脊柱。这里天然森林分布广泛,素有"长白林海"的美誉,为我国最主要的木材生产基地。东部山地同时也是东北许多河流的发源地,河流受山地构造的限制,在山间低地流动。这些河流均属季节性河流,冬季有封冻现象。

大兴安岭由火山岩构成,一般海拔在1000米左右,经过风化、剥蚀,形态浑圆。大兴安岭向东南延伸的小兴安岭是东北地区东北部的低山丘陵山地,是松花江以北山地的总称。该地区地壳活动性较强,山地西南侧有五大连池等火山群。总面积13万平方千米,其中低山约占37%、丘陵约占53%、浅丘台地约占10%。小兴安岭海拔为500~800米,是黑龙江与松花江的分水岭。

东北平原是我国最大的平原,位于大兴安岭、小兴安岭和长白山之间,南北长约1000千米,东西宽为300~400千米,面积约为35万平方千米,平均海拔在200米以下。东北大平原土壤肥沃,腐殖质含量较多,通气性与蓄水性好,是我国著名的"黑土"分布区域。三江平原地势低洼,分布着大面积湿地、沼泽;松嫩平原是盆地式的冲积、湖积平原,地势低平,湿地面积广,为珍贵的湿地资源,是水禽栖息地。

二、温带大陆性季风气候显著

东北地区属于温带大陆性气候,黑龙江北部大兴安岭的一部分为寒温带,东北地区大部分属中温带,辽东半岛附近为暖温带。气候特征为冬季寒冷而漫长,夏季温湿而短促,春秋两季甚短,春天多大风而且因地表干燥而多风沙天气,秋季则秋高气爽。冬季盛行西北风,月均温为-12℃~-30℃,而最低温度均在-20℃以下,是世界上同纬度陆地气温最低的地区,冬季一般长达6个月左右,降雪日数多,雪量大,雪层深厚,积雪时间久。漠河曾创下了-52.3℃的全国最低温的记录,称为"中国寒极"。夏季气温总体不高,大兴安岭北部低于18℃,降水在7、8月份较集中。东北地区的气温年较差属世界同纬度地区之冠,以哈尔滨市为例,2000年冬季出现过-36℃的气温,2001年夏季最高温度则达到36℃。

三、林海茫茫,物产丰富

东北旅游区是我国森林面积最大的地区,东北林区由大兴安岭、小兴安岭和长白山脉组成,是我国第一大林区。东北平原的中西部,由于向西北雨量减少,自然景观也由森林向森林草原和半干旱、干旱草原过渡,分布有一望无际的大草原,牧草繁茂。肥沃的土壤、茂密的森林、宽阔的草原、连绵的沼泽,为丹顶鹤、东北虎、梅花鹿、熊等动物的生存提供了良好的栖息、生存和繁殖场所。为保护这些野生动物和自然生态系统,已建立多处自然保护区,著名的有扎龙自然保护区、长白山自然保护区等。

四、位置优越,经济发达

东北地区位于中国与东北亚市场的接合部,黑龙江省与俄罗斯有着漫长的国界线,吉林省与俄罗斯、朝鲜都有接壤,与日本隔海相望,具有开拓东北亚市场的优越地理位置,辽宁省是中国对东北亚地区开放的窗口。三省特殊的地理位置打造了边境观光游,或登高观光游,或界河乘船边界游,皆可欣赏异国景色。东北三省既是我国重要的商品粮生产基地和林业生产基地,也是我国重工业生产基地。其中原油产量占全国原油产量的40%,木材占全国的50%,商品粮占全国的1/3。工业产品中,如钢铁、机械、化工等在国内占据一定地位,形成了比较完善的经济工业体系,经济发展呈现出蓬勃的景象。

五、发达便利的交通网

东北地区是我国最早发展铁路运输的区域,现已形成以铁路为骨干,包括公路、航空、内河及海上航运在内的交通网络。东北地区有铁路70余条,总长度约1.4万千米,由滨洲、滨绥及哈大线构成"丁"字形铁路骨架,以沈阳、四平、长春、哈尔滨为枢纽,同时哈大高铁的建成,将东北地区的城市和旅游区联系成系统的经济整体,促进了旅游业的快速发展。

东北公路运输也比较发达,除通往城乡各地的主要公路及一般道路外,高速公路有京哈、沈大、哈同(哈尔滨—同江)、绥大(绥芬河—大庆)、佳鹤(佳木斯—鹤岗)、长珲(长春—珲春)、长伊(长春—伊通)、沈丹(沈阳—丹东)等,这些高速公路的建成,使东北地区内外联系既节省了时间,又方便舒适。

东北地区的航空运输以沈阳、长春、哈尔滨、大连为中心,可直通北京、上海、广州、西安、昆明等城市,沈阳、大连、哈尔滨三个国际机场分别辟有多条国际航线。

环绕东北地区周边及伸入平原内部的各条河流使该地区河运交通也具有直接连接国外、方便区内的功能,主要以黑龙江、松花江航运为主。

海上运输以大连、营口为重要港口,大连港港阔水深,冬季不冻,是东北地区条件最好、最重要的对外贸易大港。

 任务实施

(1)地貌形态的掌握。
(2)气候情况的理解。
(3)经济和交通情况。

 任务测评

教师依据学生回答的情况,进行分组点评,并给出测评成绩。

序　号	工作内容	完成情况	存在问题	改进措施
1	地貌形态			
2	东北气候			
3	经济与交通			

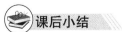 **课后小结**

根据任务完成情况进行小结。

姓名		组号		教师	
自我小结：					

任务2 旅游资源特征

 学习目标

1. 了解东北旅游区的资源情况。
2. 掌握东北三省旅游资源的特征。

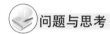 问题与思考

请回答我国东北地区的地形气候、经济特点、交通情况，并以此为基础，简要说明我国东北地区的冬季和夏季旅游景区的特点。

 工作任务

根据东北地区的气候、经济、交通等基本情况，分析东北地区的旅游资源的特点。

 预备知识

一、火山熔岩地貌奇特

东北地区是我国火山熔岩地貌类型最丰富、数量最多、分布最广的区域，共有火山堆230多座，组成20多个火山群，主要分布在吉林和黑龙江。具有观赏价值和科研价值的有五大连池火山群、长白山火山群、龙岗火山群、伊通火山群以及镜泊湖。其中，牡丹江上的镜泊湖是我国最大的火山熔岩堰塞湖，长白山天池则是我国面积最大、水最深的火山口湖。火山活动区地热资源丰富，温泉相伴分布，主要有五大连池地热洞、长白山温泉、鞍山汤岗子温泉、本溪温泉、兴城温泉等。

二、气候旅游资源得天独厚

冰雪文化是东北的特色文化，寒冷漫长的冬季使东北拥有丰富的冰雪旅游资源。冰

雪的积存除可满足未曾领略过冰天雪地感觉的人的好奇心外,还可雕琢成晶莹剔透的冰雕(图4-1)、洁白如玉的雪雕和五光十色、造型各异、变幻无穷的冰灯,供游人欣赏。冰上可开展各种运动和游乐项目,如滑冰、冰球、冰帆、冰橇、冰螺、狗拉爬犁等;雪上可开展高山速滑、越野滑雪等运动。千里冰封、白雪覆盖与雾凇压枝的景象对于未见过冰雪景象的南方旅游者极具吸引力。冰雪文化不仅是东北文化的标志,更由于其独特性和艺术价值成为中华文化不可或缺的组成部分。

夏季,东北北部的大部分地区气温不高,山区、林区和大连海滨均适宜避暑。最为特别的莫过于漠河"北极村",不但凉爽,还可欣赏极光、"白夜"奇景。

图4-1　哈尔滨冰雪艺术节的冰雕

三、生态旅游地域广阔,形式多样

东北地区的大、小兴安岭—长白山林区是全国最大的林区,原始森林面积和森林总面积在全国各旅游区中皆居首位。森林以其良好的环境质量、优美的自然景观成为开展森林度假的极佳场所。大兴安岭的兴安落叶松,以及小兴安岭和长白山的红松、冷杉、白桦树等生长繁茂,为动物提供了生长和繁殖的条件,因此该地区是我国目前最重要的野生动物产地和狩猎区。为了保护野生动植物和自然生态系统,东北地区已先后开辟了扎龙自然保护区、三江平原沼泽湿地保护区等。为了满足游客的需求,还专门规划出游客狩猎区。

四、温带海滨风光秀丽宜人

东北地区南部的辽宁省有长2292千米的海岸线,南部辽东半岛伸入黄海与渤海之间,海岸线曲折,岛屿众多。辽宁省沿海有许多优良港湾,不仅是海洋运输和水产基地,而且是海滨风景游览胜地。尤其在夏季,这里的海滨凉爽宜人,是避暑胜地,吸引大批游客前来度假、观光游览。较为著名的海岸风光有大连海滨、营口海滨、兴城海滨等。

五、名胜古迹以清代遗存居多

东北地区历史文物古迹丰富,以清代的遗迹保存最完整,而且数量众多,历史价值和旅游价值比较高。著名的古迹有清朝关外三陵和沈阳故宫。关外三陵是清廷入关前的祖先和帝王的陵寝,至今保存完好,规模宏大,是重要的旅游地。沈阳故宫是清兵入关以前的皇宫,独具满族生活色彩和艺术风格,规模仅次于北京故宫,是我国第二大皇家宫殿。现存的佛、道教寺庙几乎全部为清代建筑,体现了清代建筑艺术,且寺庙内的清代文物众多,有碑刻、匾额等。著名的寺庙有北镇庙、奉国寺和千山、医巫闾山的寺庙群。东北地区还有一处保存较为完整的明代古城——宁远卫城。

六、民族风情复合多样

东北地区以汉族为主,包含满族、蒙古族、朝鲜族、回族、达斡尔族、鄂伦春族、鄂温克族、赫哲族等多个少数民族。赫哲族是我国靠打鱼为生、使用狗拉爬犁的民族,长期劳作在乌苏里江上,对各种鱼类的习性有惊人的洞察能力,能根据水中的波纹,判断水下鱼种和鱼的行踪,叉鱼技术举世罕见,冬季凿冰洞下网捕鱼的巧妙方法,也很有趣。众多民族多样的生产和生活方式,既相互融合,又相对保持各自的民族特色,从而形成了东北地区复合型的民族风情。

七、建筑艺术受多种文化影响

东北地区的城市建筑融汇了多种文化,如哈尔滨有许多欧式建筑,圣索菲亚大教堂、东正教堂、基督教堂,这些欧式建筑与中国古典式、日本式及现代大厦交织,构成了哈尔滨城市风貌的一大特色。

八、民间艺术乡土气息浓厚

东北地区独具特色的民间艺术就是东北大秧歌和东北二人转。东北大秧歌是关东特色,是东北人非常喜欢的一种民间活动,它是东北地域民族民间文化的典型代表,也是东北汉族、满族、锡伯族等民族文化的结晶。东北二人转以东北民俗文化为其主导的喜剧精神而著称,它是一种有说有唱、载歌载舞、生动活泼的走唱类曲艺形式,深受东北民众的喜爱。近年来,东北二人转的文化发展极快,以刘老根大舞台等为代表闻名全国。

任务实施

(1)地貌、气候旅游资源。
(2)生态、海滨旅游。

(3)名胜古迹、民族特色旅游资源。
(4)建筑和民间艺术。

任务测评

教师依据学生回答的情况,进行分组点评,并给出测评成绩。

序　号	工作内容	完成情况	存在问题	改进措施
1	地貌、气候旅游			
2	生态、海滨旅游			
3	名胜古迹、民族特色			
4	建筑和民间艺术			

课后小结

根据任务完成情况进行小结。

姓名		组号		教师	
自我小结:					

任务3　主要游览地及景区

学习目标

1. 掌握黑龙江省、吉林省、辽宁省的旅游景点情况。
2. 结合所讲内容,进行东北地区旅游线路的设计工作。

问题与思考

你都知道东北三省的哪些自然资源,基本情况是怎样的?

工作任务

根据东三省的旅游资源特点情况,设计冬夏两季的东三省旅游路路线。

预备知识

一、黑龙江省

(一)概况

黑龙江省,简称黑,省会哈尔滨。位于中国东北部,是中国位置最北、纬度最高的省份。北、东部与俄罗斯为邻,西部与内蒙古自治区相邻,南部与吉林省接壤。全省土地总面积47.3万平方千米。地势大致是西北部、北部和东南部高,东北部、西南部低,主要由山地、台地、平原和水面构成。

(二)主要游览地及著名景区

1.哈尔滨市(省会)

哈尔滨市位于松花江畔,在我国各大城市中冬季气温最低,素有"冰城"之称,是我国重要的工业城市与交通枢纽。它的城市风光、冰灯活动、冰上运动与阿城、铁力的狩猎场,尚志的滑雪场等,共同组成了冰雪、狩猎游览区。哈尔滨市内有充满异国情调的东正教堂、天主教堂等欧式建筑,中央大街及南岗秋林公司一带的俄式建筑,异国情韵浓厚,有"东方莫斯科"之称。

2.太阳岛公园(5A景区)

太阳岛公园(图4-2)位于哈尔滨市区松花江北岸,总面积38平方千米。太阳岛公园是驰名中外的避暑胜地。新中国成立前曾是外国侨民的休闲度假区,新中国成立后经过多年建设,不仅成为大众夏季旅游避暑的胜地,更是冬季冰雪旅游的乐园。太阳岛公园分为浏览区和疗养区两部分,浏览区的主要景点有水阁云天、浴日台、太阳岛艺术馆、丁香山、冰雪艺术馆等。每年,在冰封雪飘的隆冬时节,这里银装素裹,玉树琼枝,一派北国风光。人们到太阳岛上滑雪橇、抽冰尜、乘冰帆、堆雪人、坐马拉爬犁等,冰雪游乐活动十分丰富。

3.镜泊湖(5A景区)

镜泊湖(图4-3)位于宁安市境内,是由火山爆发、熔岩流堵塞牡丹江河道而形成的中国最大、世界第二大火山堰塞湖,亦是著名的旅游、避暑和疗养胜地。湖长45千米,东西最宽处约6千米,面积90平方千米。湖泊四面环山,水平如镜,湖水碧绿通透。景区有吊水楼瀑布、白石砬子峭壁、大孤山、城墙砬子、珍珠山、道士山等观观,其中以吊水楼瀑布最为著名。

图4-2 太阳岛公园

图4-3 镜泊湖

4. 五大连池(5A 景区)

五大连池位于五大连池市境内,是我国唯一以火山地貌及生态系统为保护对象的自然保护区,有"火山地貌博物馆"之称。五大连池由五大连池火山群、五大连池(湖)、矿泉和熔岩地貌组成。它既是一个天然的风景旅游地,也是一个研究火山地貌的科研基地,同时还是一处温泉疗养地。

5. 亚布力滑雪场

亚布力滑雪场(图 4-4)地处哈尔滨以东尚志市,占地面积 22.55 平方千米,是我国规模最大的旅游滑雪场之一,全国性滑雪比赛常在这里举行。亚布力原名"亚布洛尼",即俄语"果木园"之意,清朝时期曾是皇室和贵族的狩猎围场。亚布力滑雪场由具有国际标准的高山竞技滑雪区和旅游滑雪区两大部分组成,如今已成为东北地区滑雪旅游的首选地,是开展竞技滑雪和旅游滑雪的最佳场所。

6. 林海奇石景区(5A 景区)

林海奇石景区(图 4-5)位于伊春市汤旺河区 8 千米处,是由人文景观和自然景观构成的生态旅游新区和国家地质遗迹公园。

图 4-4 亚布力滑雪场

图 4-5 林海奇石景区

景区可分为天然牧场、雪色松林、溪水湿地、民族风情、山水浏览、兴安石林、秋色松林、花卉观赏八大区域。区内奇峰异石凌空突起,百年古树参天耸立,奇树怪石,栩栩如生。著名的景点有"一线天""罗汉龟""雄峰""护山大将军"等。

二、吉林省

(一) 概况

吉林省,简称吉,省会长春。位于东北地区的中部。东与俄罗斯接壤,东南以图们江、鸭绿江为界,与朝鲜相望,边境线长达 1400 多千米,南连辽宁省,西接内蒙古自治区,北邻黑龙江省。地势由东南向西北倾斜,呈现明显的东南高、西北低的特征。吉林省具有丰富、优越和得天独厚的旅游资源,自然景观千姿百态,人文景观独具特色。主要的旅游资源有伪满皇宫博物院、长春电影制片厂、长影世纪城、净月潭、长白山、松花湖以及高句丽王城、王陵及贵族墓葬等。

(二)主要游览地及著名景区

1. 长春市(省会)

长春市位于吉林省中部偏西,是吉林省的政治、文化、科教和经济中心,是我国汽车工业、光电子技术、生物技术、应用化学的摇篮。长春环境幽雅,街道宽阔,绿地覆盖率高,有亚洲"森林城"的美誉,被誉为"北国春城"。长春有众多民国时期的建筑。长春还是闻名中外的国际汽车城、电影城,有"东方底特律""东方洛杉矶"之称。

2. 伪满皇宫博物院(5A 景区)

伪满皇宫博物院(图 4-6)位于长春市光复路北 5 号,是我国现存的三大宫廷遗址之一。伪满皇宫是中国清朝末代皇帝爱新觉罗·溥仪充当伪满洲国皇帝时居住的宫殿,是日本帝国主义武力侵占中国东北,推行殖民统治的历史见证。伪满皇宫可分为进行政治活动的外廷和日常生活的内廷两部分,现分别辟为伪满皇宫陈列馆和伪满帝宫陈列馆。外廷(皇宫)是溥仪处理政务的场所,主要建筑有勤民楼、怀远楼、嘉乐殿,其中勤民楼是溥仪办公的地方,此外还有花园、假山、养鱼池、游泳池、网球场、高尔夫球场、跑马场及书画库等其他附属场所。内廷(帝宫)是溥仪及其家属日常生活的区域,其中辑熙楼是溥仪和皇后婉容日常起居之处。

3. 净月潭景区(5A 景区)

净月潭风景区(图 4-7)位于长春市区东南 15 千米处,是以净月潭水库为中心建设而成的旅游区,因水库呈弯月状而得名"净月潭"。景区在群山环抱之中,是一片宁静而宽阔的湖水,潭水面积 4.3 平方千米。景区的主要景点有净月潭沙滩浴场、净月潭国家森林公园、森林浴场、东北虎园等,还有金代古墓等多处遗址。

图 4-6 伪满皇宫博物馆

图 4-7 净月潭风景区

4. 长白山(5A 景区)

长白山位于吉林省东南的中朝边境,是著名的湖泊、瀑布、林海、温泉风景区。长白山是世界闻名的巨型复合式盾状火山体,它以主峰白云峰为中心,呈放射状分布着 100 多座小火山,面积 1 万多平方千米,形成横跨中朝两国边境、连绵叠峰的壮丽景色。长白山主峰白云峰海拔 2691 米,是我国东北最高峰,号称"东北第一峰"。长白山山顶有火口湖——天池(图 4-8),是中国和朝鲜的界湖,湖的北部在吉林省境内。

长白山瀑布(图 4-9)位于长白山天池北侧的天文峰和龙门峰中间的一个缺口,这个缺口就是天池的出水口,被称为"闼门"。天池的水从闼门流出来,在 1250 米处有一断崖,形成落差 68 米的瀑布。瀑布常年流淌,成为松花江、图们江和鸭绿江三江之源。

图 4-8　长白山天池

图 4-9　长白山瀑布

5. 高句丽王城、王陵及贵族墓葬(世界文化遗产)

高句丽王城、王陵及贵族墓葬主要包括五女山城(辽宁)、国内城、丸都山城、12 座王陵、26 座贵族墓葬、好太王碑和将军坟一号陪冢,位于吉林省集安市和辽宁省桓仁县(虽位于吉林、辽宁二省,但作为列入世界遗产名录的一个项目,所以放在一起介绍)。集安的将军坟有"东方金字塔"之称。

三、辽宁省

(一) 概况

辽宁省,简称辽,省会沈阳。位于我国东北地区南部,南临渤海、黄海,东与朝鲜一江之隔,与日本、韩国隔海相望,是我国最北部沿海省份,也是东北地区及内蒙古自治区东部地区对外开放的门户。地貌划分为三大区:东部山地丘陵区、中部平原区、西部山地丘陵区。辽西渤海沿岸为狭长的海滨平原,称为"辽西走廊"。辽宁历史悠久,人杰地灵,自然风光秀美,山海景观壮丽,文化古迹别具特色,旅游资源十分丰富。主要的旅游资源有沈阳故宫、盛京三陵、张氏帅府、沈阳植物园、老虎滩、金石滩、大连海滨—旅顺口、鸭绿江风景名胜区等。

(二) 主要游览地及著名景区

1. 沈阳市(省会)

沈阳市地处辽宁省的中部,因地处古沈水(今浑河)之北而得名,别称盛京、奉天。沈阳是辽宁省的政治、经济、文化中心,东北地区最大的城市和全国著名的工业城市,是我国重要的以装备制造业为主的重工业基地,有"东方鲁尔"的美誉。沈阳有 2300 年建城史,素有"一朝发祥地,两代帝王城"之称。沈阳旅游资源丰富,主要景点有沈阳故宫、昭陵、福陵、张氏帅府、中街步行街等。

2. 沈阳故宫(世界文化遗产)

沈阳故宫(图 4-10)坐落于旧城中心,占地约 6 万平方米,各式建筑共 90 多所、300 余间,四周为高大的红色宫墙,殿堂金瓦雕梁画栋、光彩夺目。沈阳故宫以崇政殿为核心,从大清门到清宁宫为中轴线,分为东路、中路、西路三个部分。大政殿为东路主体建筑,是举行大典的地方。前面两侧排列亭子10座,为左、右翼王亭和八旗亭,统称十王亭,是左、右翼王和八旗大臣议政之处。中路有大清门、崇政殿、凤凰楼、清宁宫等。宫殿建筑融合了汉满等多民族的艺术,具有浓郁的地方特色和较高的工艺水平,是我国现存的除北京故宫外,保存最为完整的皇家宫殿建筑群。

3. 盛京三陵(世界文化遗产)

盛京三陵指的是永陵(图4-11)、福陵、昭陵,是开创清王朝皇室基业的祖先陵寝。

图4-10 沈阳故宫

图4-11 永陵

清永陵是清王朝的祖陵,位于抚顺市新宾满族自治县永陵镇西北启运山脚下。陵内埋葬着努尔哈赤的六世祖、曾祖、祖父、父亲及他的伯父和叔父,辈分位居关外三陵之首。

清福陵位于沈阳城东,又称"东陵",是清太祖努尔哈赤及其孝慈高皇后叶赫那拉氏的陵墓。福陵建筑格局因山势形成前低后高之势,南北狭长,从南向北可划分为大红门外区、神道区、方城宝城区三部分。

清昭陵是清朝第二代开国君主太宗皇太极以及孝端文皇后博尔济吉特氏的陵墓,占地面积18万平方米,是清初"关外三陵"中规模最大、气势最宏伟的一座,位于沈阳城北,因此也称"北陵"。

4. 老虎滩海洋公园(5A景区)

老虎滩海洋公园坐落于大连市南部海滨中部,是市区南部最大的景区,占地面积118万平方米,拥有4000余米海岸线,是我国最大的一座现代化海滨游乐场。老虎滩海洋公园拥有以展示白鲸、北极熊、海豚、南极企鹅、鲸鲨等极地海洋动物为主的场馆——极地馆;以展示珊瑚礁生物群为主的大型综合类海洋生物场馆——珊瑚馆;全国最大的半自然状态的人工鸟笼——鸟林;展示野生海象、海狮、海狗群居生活的场馆——海兽馆;以海狮、海象与小丑幽默互动展示为主的场馆——欢乐剧场;以亲近动物为理念的室外海豚展示场馆——鲸豚互动广场;欣赏群居海豹憨态可掬的人工岛屿——蓝湾开心岛;全国最大的花岗岩动物石雕——群虎雕塑,以及化腐朽为神奇的马驷骥根雕艺术馆等闻名全国的旅游景点。这里还有全国最长的大型跨海空中索道、大连南部海滨数量较多的旅游观光船,以及惊险刺激的侏罗纪激流探险、海盗船等游乐设施。

任务实施

根据所学东北旅游区主要游览地及著名景区,设计从你的家乡到东北地区的5日游旅游线路。要求:

(1)以市场需求为导向,旅游点结构及住宿和活动时间安排合理。

(2)旅游交通工具如飞机、火车的航班和车次及时间需自己查询,但要真实准确。

(3)内容丰富多样。

任务测评

教师依据学生回答的情况,进行分组点评,并给出测评成绩。

序　号	工　作　内　容	完 成 情 况	存 在 问 题	改 进 措 施
1	安排合理			
2	交通工具真实性			
3	内容丰富多样			

课后小结

根据任务完成情况进行小结。

姓名		组号		教师	
自我小结:					

项目5　江南风姿、山水园林
——华东旅游区

任务1　区域概况

学习目标

1. 了解华东旅游区的概况。
2. 了解华东地区的气候、经济、交通等基本情况。

问题与思考

华东地区地处我国沿海区域,也有许多得天独厚的旅游资源。那么大家都知道华东地区的哪些基本情况呢?比如行政区划、自然资源情况等等。

工作任务

结合中国地图册,说说华东地区的基本情况、旅游景点的集中区域、交通经济发展的情况。

预备知识

华东旅游区位于我国东部,包括上海市、江苏省、浙江省、安徽省、江西省四省一市,总面积51.72万平方千米。

一、地形以平原、丘陵为主,岛屿众多

华东旅游区的地形主要由长江中下游平原及三角洲平原、江南丘陵、浙皖丘陵及淮南山地等组成。华东地区的平原大都是冲积而成。浙江省内的低山丘陵延伸至海滨,和海岸线斜交,使海岸线曲折多港湾,沿海岛屿有3000多个,仅舟山群岛就有1300多个岛屿,形成我国最大的一组群岛。

二、夏热冬温,雨量丰沛

华东旅游区大部分地区属亚热带湿润性季风气候,冬温夏热、四季分明、降水充沛、季节分配均匀是华东地区的气候特点。华东地区内的淮河平原为暖温带气候区,冬季气温稍低,长江以南是亚热带气候区。

由于华东大部分地区处于亚热带,每年七、八月份均受副热带高压控制,会出现连续的高温天气。如浙江新昌2013年夏季曾出现44.1℃超百年一遇的高温。

除淮河平原外,华东大部分地区的降水量为800~1600毫米。在季节分配上,以夏季最多。每年六、七月有一次梅雨过程,梅雨期的长短及降水量的大小,对华东地区的经济、生活、旅游业、农业有较大的影响。近两年冬季出现的雾霾天气,也使旅游业受到了影响。华东地区春、秋两季,温度适宜,无风沙,秋季降水较少,多晴日,是旅游的最佳季节。

三、物种丰富,物产富饶

华东旅游区的植被是亚热带常绿阔叶林,具有较高经济价值。植物种类很多,有各类药材,有大量的木本油料作物及优质木材、毛竹。有亚热带水果,许多名茶也出自华东地区,如杭州龙井、祁门红茶、敏县绿茶等。淡水鱼种类多,产量大,太湖银鱼、阳澄湖大闸蟹、富春江鲥鱼、西湖鲤鱼等都是名产。华东地区的舟山群岛是全国最大的海洋流场,盛产各种海洋鱼类和其他海产品。

四、经济发达,文化繁荣

华东地区是我国重要的工业基地之一,钢铁、机电、轻纺、化工等在全国居首要地位。华东地区也是我国农业最发达的地区之一,江南平原号称"鱼米之乡"。长江以北以生产小麦为主,长江以南以生产水稻为主,长江三角洲平原、鄱阳湖平原等历来是我国重要的商品粮基地。太湖流域植桑养蚕历史悠久,是我国三大蚕丝产地之一。

华东地区的民族工业发展较早,发展水平也较高,尤其是传统工业和手工业种类多,质地优良。如景德镇的陶瓷和宜兴的紫砂陶制品,安徽的"徽墨""钦砚""宣纸",浙江的"湖笔"等"文房四宝",无锡惠山泥人、常熟花边、苏州刺绣、扬州玉雕和漆器,深受旅游者的欢迎。

五、交通发达,旅游设施完善

华东旅游区是国内交通最发达的地区之一,陆、海、空交通以上海市为中心,向外围辐射。

华东地区内的铁路线,南北向有京沪、京九两大铁路干线,东西向有沪昆线和陇海线,构成"井"字形基本框架,再加上支线铁路的衔接,能到达各省旅游城市及风景区。特别是多条高铁线路的开通,如沪杭、杭甬、宁杭、杭长、沪汉、沪蓉、京沪等高铁线路的开通,大大方便了人们的旅游出行。

华东地区的公路密度较大,多条国道和京沪、沪杭甬等高速公路相互连接,形成了稠密的公路网,能直达各地的旅游景点。华东地区的水上运输十分方便,海运以上海为中心,能通往连云港、宁波、温州和区外沿海港口。长江黄金水道游以及大运河旅游线的开辟,极受国内外游客的欢迎,豪华游船游已在华东地区兴起。

华东地区的航空运输十分发达,主要城市均有航班相通,以上海为中心,有定期航班通往国内主要大城市和世界主要城市。发达的陆、海、空交通,对华东地区旅游业的进一步发展具有重要意义。华东地区高星级品牌饭店(如中国湖州喜来登温泉度假酒店,是国内首家水上白金七星级酒店)及各类大众消费饭店、旅游度假村一应俱全,管理、服务规范,经营各具特色,能够为来自国内及世界各地不同需求的游客提供周到的服务。

任务实施

(1)地貌形态的掌握。

(2)气候情况的理解。

(3)经济和交通情况。

任务测评

教师依据学生回答的情况,进行分组点评,并给出测评成绩。

序　号	工 作 内 容	完成情况	存 在 问 题	改 进 措 施
1	地貌形态			
2	气候			
3	经济与交通			

课后小结

根据任务完成情况进行小结。

姓名		组号		教师	
自我小结:					

任务2　旅游资源特征

学习目标

1.了解华东旅游区的资源情况。

2.掌握华东五省、市旅游资源的特征。

问题与思考

请回答我国华东地区的地形气候、经济特点、交通情况,并以此为基础,简要说明我国华东地区冬季和夏季旅游景区的特点。

工作任务

根据华东地区的气候、经济、交通等基本情况,分析华东地区的旅游资源的特点。

预备知识

一、名山众多,水景秀丽

华东旅游区的自然旅游资源十分丰富,是全国旅游区中名山胜水集中之地。最为著名的有以雄伟、险峻、奇特、壮观著称于世的黄山;有号称"东南第一山"的九华山;有挺拔、秀丽的庐山;有以"奇""秀"闻名的浙东名山雁荡山;有被称为"海天佛国"的普陀山。此外还有天柱山、天台山、天目山、井冈山、三清山、龙虎山等名山。

同时,华东地区也是水景资源极其丰富之地,全国五大淡水湖中除洞庭湖外,鄱阳湖、太湖、洪泽湖、巢湖全都集中在华东地区。太湖(图5-1)、巢湖、玄武湖等湖泊游,以及大运河沿岸游,已成为领略江南风物的最佳旅游线路。

图5-1 太湖

二、园林荟萃,名城夺目

华东旅游区的人文旅游资源独具特色,旅游城市多,古典园林享誉世界。古典园林主要集中在苏州、南京、无锡、扬州、上海等地,特点是以私人园林为主,一般面积较小,以精取胜,其风格潇洒活泼、玲珑素雅、曲折幽深、明媚秀丽,富有江南水乡的特点。著名的园林有拙政园、网师园、豫园、个园等。

三、风景名胜云集,旅游产品多样

华东地区有48个国家级风景名胜区,其中浙江19处、江西14处、安徽10处、江苏5处,超过全国 225 个国家级风景名胜区的 1/5(统计到 2013 年 12 月)。华东地区被联合国教科文组织列入世界物质文化遗产的项目有 9 处,占全国 50 项世界物质文化遗产项目的 1/6(统计到 2016 年 9 月)。华东地区的国家 5A 级景区共 52 处,占全国 5A 级景区 213 处的 1/4(统计到 2015 年 10 月)。华东地区有红色旅游、乡村旅游、生态旅游等,旅游产品丰富多彩。如浙江长兴的乡村旅游是全国的一面旗帜,浙江德清的"洋家乐"也颇受好评。

(1)名山众多。

(2)园林夺目。

(3)风景名胜。

教师依据学生回答的情况,进行分组点评,并给出测评成绩。

序　　号	工 作 内 容	完成情况	存在问题	改进措施
1	名山众多			
2	园林夺目			
3	风景名胜			

课后小结

根据任务完成情况进行小结。

姓名		组号		教师	
自我小结:					

任务 3　主要游览地及景区

学习目标

1. 掌握沪、浙、苏、赣、皖各省的旅游景点情况。
2. 结合所讲内容,进行华东地区旅游线路的设计工作。

> 项目5　江南风姿、山水园林——华东旅游区

问题与思考

你都知道华东五省、市的哪些自然资源？基本情况是怎样的？

工作任务

根据华东地区的旅游资源特点，请你设计华东地区的旅游路线。

预备知识

一、上海市

（一）概况

上海市，简称沪，是我国中央直辖市之一。上海位于长江入海口，是我国大陆海岸线的中点。上海气候温暖湿润、四季分明，属亚热带海洋性季风气候。上海地势低平，处于长江三角洲冲积平原上，北部的长江口有我国第三大岛崇明岛。上海的旅游景点有小刀会起义总部遗址、中国共产党第一次代表大会会址、"五卅"运动旧址，还有鲁迅、邹韬奋等近代文化名人和孙中山、宋庆龄、周恩来等革命家的故居和陵墓等。

上海是中西文化的交汇点。在中西文化交融中所形成的民俗风情和传统旅游产品，对国内外游客具有极大的吸引力。上海的城市建筑群享有"世界建筑博览会"之誉，尤其是"万国建筑"的外滩（图5-2）已成为国内外游客慕名向往之地。

图5-2　上海外滩

上海著名的风景名胜古迹有豫园、玉佛寺、龙华寺、龙华塔、古漪园、秋霞圃、淀山湖大观园等，近年来兴建的新景观如南京路步行街、新外滩、人民广场、上海新天地、上海东方明珠广播电视塔、金茂大厦、上海国际会议中心、上海野生动物园、上海世纪公园、上海大剧院、上海博物馆、上海科技馆等，吸引了广大中外游客前往观光游览。

上海是一座历史文化名城，又是一座高速发展的现代化城市。随着"世界财富论坛"、第九届"APEC会议""世界大学生运动会"以及世界性的博览会、电视节、电影节、音乐节频频

在上海举行,上海国际大都市的地位已经确立。

(二)主要游览地及著名景区

1. 豫园

豫园(图5-3)位于上海市东南部豫园路老城隍庙,是具有明清两代园林建筑风格的江南名园之一,占地4.67公顷。因地处人口稠密的闹市区,故有"城市山林"的美誉。豫园始建于明嘉靖至万历年间,至今已有400多年历史。园主潘允端曾任四川布政使,为供其父亲养老,取名豫园。"豫"与"愉"同义,为"愉悦双亲"之意。豫园布局奇特,设计精巧,虚实互映,疏密有致,前后呼应,具有以小见大之感。豫园有40多处亭台楼阁,由造型奇特、栩栩如生的五条龙墙将它分隔为7个景区,每个景区都各有特色。豫园坐落在豫园商城内,是上海地区最有吸引力的园林庙市旅游区,已成为上海最大的旅游商业中心。

2. 玉佛寺

玉佛寺(图5-4)是我国著名佛教禅宗寺院,位于普陀区安远路江宁路口。玉佛寺殿室楼阁仿宋代建筑形式,飞檐耸脊,布局紧凑,有前后两进院落。中轴线上的建筑包括照壁、山门、天王殿、大雄宝殿、禅堂等。大雄宝殿高大疏朗,殿内正中供奉4米高的释迦牟尼、药师、弥陀三尊佛像,两侧为二十四诸天,主像背面有海岛观音壁塑。玉佛楼为两层建筑,楼下是方丈室,楼上供奉高1.9米、宽1.34米的由整块白玉精雕而成的释迦牟尼坐像,佛像玉色莹洁,形象生动逼真,表情温柔和善,为佛教艺术中少见的珍品。1990年,卧佛堂内又增添了一尊巨型大玉卧佛,是由缅甸汉白玉雕成,长4米多,造型优美慈和。玉佛寺不仅是上海地区佛教信徒举行宗教活动的中心,也是上海佛教界对外友好往来和佛教学术研究的中心,还是上海著名游览点之一。

图5-3 豫园

图5-4 玉佛寺

二、江苏省

(一)概况

江苏省,简称苏,是以旧江宁、苏州两府首字得名,省会南京市。位于我国东部沿海。全省面积10.26万平方千米。江苏省的气候温暖湿润,四季分明,淮河以北属暖温带气候,其他大部分属亚热带湿润季风气候,夏季全省气温普遍较高,冬季长江以北地区气温较低,每年春、秋两季是最佳的旅游季节。

江苏平原辽阔,水网密布,湖泊众多。平原、水域面积分别占69%和17%,比例之高居全国首位。江苏历史悠久,经济、文化发达,是山水园林、名胜古迹和旅游城市高度集中的地区,旅游资源极为丰富。龙盘虎踞的南京,有"天堂"之称的苏州,"淮左名都"的扬州及镇江、淮安、徐州、常熟、无锡、南通、宜兴、泰州、常州分别被列入中国历史文化名城,使江苏成为中国历史文化名城最多的省份,占其总数近1/10。

文化古迹也比较丰富,南京的"石头城"、明孝陵、中山陵,徐州的汉代兵马俑、刘邦"大风歌碑",常州的"东南第一丛林"天宁禅寺,苏州的虎丘塔、寒山寺等堪称代表,更有与长城齐名的京杭大运河。

江苏素有"水乡泽国"之称,多有名山秀水,如钟山、云台山、惠山、金山、太湖、玄武湖等,这为构筑园林提供了良好的基础,故名园荟萃,形成诸多风景园林名城,苏州、扬州、镇江等皆以此闻名世界。

(二) 主要游览地及著名景区

1. 南京市(省会)

南京市是江苏省省会,简称宁,别称金陵,位于江苏省西南部,长江下游南岸。市区为山峦所环抱,山环水绕,地势险要,有"虎踞龙盘"之称。南京是长江下游最重要的交通枢纽和综合性工业城市。交通运输发达,有京沪、宁铜、宁启铁路,有南京到北京、上海、杭州、武汉、合肥等地的高铁;有宁连、宁合、沪宁等高速公路;南京港是全国内河最大港口,沟通了周边地区的物资交流。南京化学工业在全国占有重要地位,钢铁、汽车、机械、水泥、无线电、仪器、仪表、纺织、食品等在国内外也享有盛誉。南京是我国九大古都之一,是一个具有2400多年历史的历史文化名城,相继为东吴、东晋、宋、齐、梁、陈的国都,故有"六朝古都"之称。南京山水风光旖旎、名胜古迹众多,是驰名中外的旅游胜地。著名景点有中山陵、明孝陵、灵谷寺、雨花台、玄武湖、莫愁湖、秦淮河、燕子矶、长江大桥、夫子庙、南京城墙、紫金山等。

2. 南京中山陵旅游区(5A景区)

中山陵(图5-5)是孙中山的陵墓,位于城东紫金山南麓,于1926年3月奠基,1929年春竣工。陵墓呈巨大的钟形,表示唤起民众之意。从广场地面到墓室的中轴线上,共有大小10个平台,依次有牌坊、墓道陵门、碑亭、平台、祭堂和墓室等,总建筑面积6700平方米。大门入口处的牌坊横额上有孙中山手书镏金大字"博爱",石牌坊后面陵门的额上镌刻着孙中山手书"天下为公"。祭堂为陵墓的主体建筑,长28米,宽22米,堂基至屋顶高约26米,蓝色琉璃瓦覆顶。大堂正面设三个拱门,门上镌刻有"民族""民权""民生"6个字,正面有"天地正气"匾额。祭堂中间有高5米的孙中山大理石全身坐像,四周有孙中山革命浮雕六幅,并刻有他的遗著《建国大纲》。祭堂后的墓室为球状结构,正中是圆形大理石塘,中间是长方形墓穴,墓穴上镌刻有孙中山大理石卧像,墓穴下面安放着孙中山遗体。整个陵区苍松翠柏,漫山碧绿,庄严肃穆,气势雄伟,是南京最负盛名的旅游胜地。

3. 南京夫子庙—秦淮河风光带(5A景区)

夫子庙—秦淮河风光带(图5-6)位于南京城南,指的是以夫子庙建筑为中心,以秦淮河为纽带,东起东水关,越过文德桥,直到中华门城堡延伸至西水关的内秦淮河地带,包括秦淮河两岸的街巷、民居和附近的古迹、风景点,是南京最繁华的地方。

图 5-5 中山陵

图 5-6 南京夫子庙

经过修复的秦淮河风光带,以夫子庙为中心,包括瞻园、夫子庙、白鹭洲、中华门,以及从桃叶渡至镇淮桥一带的秦淮水上游船和沿河楼阁景观,集古迹、园林、画舫、市街、楼阁和民俗民风于一体,还有诱人的秦淮夜市和金陵灯会、民俗名胜、地方风味小吃等,使中外游客为之陶醉。

4. 苏州市

苏州市,古称吴,简称苏,又称姑苏、平江等,位于江苏省东南部、长江以南、太湖东岸、长江三角洲中部,是江苏省省辖市。

苏州历史悠久,有文字记载的历史已逾4000年,是吴文化的发祥地和集大成者,历史上长期是江南地区的政治、经济、文化中心。苏州城始建于公元前514年。历史学家顾颉刚先生经过考证,认为苏州城为中国现存最古老的城市。苏州古城遗存的古迹密度仅次于北京和西安,苏州古城占地面积14.2平方千米。

苏州素以山水秀丽、园林典雅而闻名天下,有"江南园林甲天下,苏州园林甲江南"的美称,又因其小桥流水人家的水乡古城特色,有"东方水都"之称。苏州以其独特的园林景观被誉为"中国园林之城",素有"人间天堂""东方威尼斯"的美誉。苏州园林是中国私家园林的代表,现有保存完好的古典园林73处,其中拙政园和留园列入中国四大名园,并同网师园、环秀山庄与沧浪亭、狮子林、艺圃、耦园、退思园等9个古典园林,被联合国教科文组织列为世界文化遗产。"吴中第一名胜"虎丘深厚的文化积淀,使其成为游客来苏州的必游之地。

5. 苏州园林(世界文化遗产;5A景区)

苏州市园林数量之多,造园之早,建筑之精,艺术境界之深,为世界各国之冠。苏州园林既集中了江南园林的精华,又代表了宋、元、明、清不同朝代的建筑风格。苏州园林属于江南私家园林,以小巧典雅取胜。园林具有园景模仿自然,雅淡幽静,园中有园、景外有景,以小见大、以少见多的风格。

(1)拙政园。

拙政园位于苏州市娄门内东北街,全园面积约5.2公顷,是苏州最具有代表性,也是最大的私人园林,堪称苏州园林之冠。拙政园是明代园林的代表。拙政园初为唐代诗人陆龟蒙的住宅,明正德年间御史王献臣改建成宅园,改名"拙政园",1860—1863年曾为太平天国忠王府的一部分。拙政园以江南水乡为特色,全园以水为主,具有朴素开朗的自然风格。园内分东、中、西三部分。中园为全园精华所在,以"远香堂"为主体,以纵长的水面为中心,一重池水一重山,环以林木花卉,间以厅榭亭轩,疏朗自然。

(2)留园。

留园(图5-7)位于苏州西郊阊门外,是苏州四大名园之一,也是中国四大名园之一,始建于明嘉靖年间,为太仆寺卿徐泰时的私园,称东园。清嘉庆三年(1798年)在东园旧址建寒碧山庄,因园主姓刘故名"刘园",因"刘"与"留"同音,后习称留园。全园面积约3.3公顷,共分为四个景区。园内曾有著名的"留园三峰",即冠云峰、岫云峰、瑞云峰(瑞云峰现在苏州市第十中学校园内,另两峰仍在留园),各为一完整的太湖石。其中冠云峰高约6.5米,是北宋花石纲遗物,为江南最大的湖石。留园是清代具有代表性的园林之一。

6. 周庄古镇(5A景区)

周庄(图5-8)位于苏州城东南,昆山的西南处。始建于1086年的古镇周庄,因邑人周迪功先生捐地修全福寺而得名,春秋时为吴王少子摇的封地,名为贞丰里。最为著名的景点有:沈万三故居、富安桥、双桥、沈厅、怪楼、周庄八景等。富安桥是江南仅存的立体形桥楼合璧建筑;双桥则由两桥相连为一体,造型独特;沈厅为清式院宅,整体结构严整,局部风格各异;此外还有澄虚道观、全福讲寺等宗教场所。到周庄可以体验打田财、摇快船等古朴的民俗,品万三家宴、阿婆茶、蚬江三珍,欣赏昆曲、丝弦宣卷。周庄开创了江南水乡古镇游的先河,系江南六大古镇之一,有"中国第一水乡"的美誉。

图5-7 留园

图5-8 周庄古镇

7. 金鸡湖国家商务旅游示范区(5A景区)

金鸡湖景区(图5-9)位于苏州工业园区,总面积11.5平方千米,其中水域面积7.4平方千米,分为文化会展区、时尚购物区、休闲美食区、城市观光区、中央水景区五大功能区。金鸡湖景区是中国最大的城市湖泊公园,八大景观带来奇丽的感官之旅,六大商旅体验提供高端时尚品鉴,三大旅游产品为商务人士、游客、市民提供丰富的定制化旅游产品。金鸡湖景区堪称21世纪苏州"人间新天堂"的象征。

8. 吴中太湖旅游区(5A景区)

吴中太湖旅游区(图5-10),包括苏州太湖旅游国家度假区、东山景区、旺山景区、穹隆山景区,涵盖了吴中环太湖旅游的核心区域和精华资源。景区突出"文化太湖、绿色太湖、健康太湖"主题,致力把吴中太湖旅游区打造成集太湖山水、桥岛风光、休闲娱乐、居住度假、文化会展、体育赛事、商贸购物、游乐世界为一体的滨湖度假休闲胜地。

图 5-9　金鸡湖景区

图 5-10　吴中太湖旅游区

9. 灵山大佛景区（5A 景区）

灵山大佛景区（图 5-11）坐落于山清水秀的无锡太湖之滨，是一座规模宏大、文化精深、意境空灵的佛教主题园区。灵山景区包括著名的灵山大佛、九龙灌浴、灵山梵宫、灵山大照壁、祥符禅寺等景点。

大佛、大庙、大景区，浓郁的佛教气息，无处不在的信仰精神和感化力量，这是灵山大佛景区的主题之所在。

图 5-11　灵山大佛

10. 瘦西湖景区（5A 景区）

瘦西湖景区（图 5-12）位于扬州市北郊，现有游览区面积 100 公顷左右。瘦西湖园林群在清代康乾时期即已形成基本格局，有"园林之盛，甲于天下"之美誉。瘦西湖从乾隆御码头开始，沿湖过冶春园、绿杨村、红园、西园曲水，经大虹桥、长堤春柳、徐园、小金山、钓鱼台、莲性寺白塔、凫庄、五亭桥等，再向北至蜀冈平山堂、观音山止。湖长十余里，既有天然景色，又有扬州独特风格的园林，是国内著名的风景区之一。

11. 镇江三山旅游区（5A 景区）

三山旅游区（图 5-13）地处镇江市沿江南岸，主体由金山、焦山、北固山组成，自东晋南朝以来即为风景名胜。金山居首，以奇丽著称；焦山断后，以古雅见长，素有"东西浮玉"之称；北固山则雄踞其中，以雄险闻名。三山形态各异，景观独特，以长江为纽带，互为对景，水光山色，江山相映，形成著名的沿山风景区，总面积约 99 公顷。

图 5-12　瘦西湖景区

图 5-13　镇江三山旅游区

(1) 金山。

金山位于镇江市西北,原是江中一岛屿,岛上有江天寺,至清末逐渐与南岸相连,成为沿江山地。山上寺宇台阁层叠,金碧辉煌,梵塔峭然耸立,缥缈云际,无论近观远眺,皆见寺而不见山,人谓"寺裹山",建筑布局颇有特色。山之附近还有塔影湖、中泠泉、金山公园诸胜。

(2) 焦山。

焦山位于镇江东北郊长江之中,因东汉焦光曾隐居于此而得名,有东、西两峰,状如蹲伏的狮子,故又名双峰山、狮岩。山东南麓有定慧寺,掩映于林木之中,建筑布局与金山相反,人谓"山裹寺"。焦山历史上又曾是军事要地,南宋名将韩世忠在此抗击过金兵,清末又在此抗击英舰入侵,至今仍有炮台遗址。

(3) 北固山。

北固山位于镇江市北,居三山之中,一水横陈,金焦在望。因形势险固,三国时即称其为北固山。山有前、后、中三峰,以龙埂相连。后峰临江,峭壁如削,甘露寺高踞峰巅,人谓"寺冠山"。前峰已伸入市区,东吴孙权曾在此筑铁瓮城,20 世纪 60 年代建为烈士陵园。中峰原有明代所建元武殿,民国时拆建为气象台,现改设镇江中国画院。

12. 环球恐龙城景区(5A 景区)

环球恐龙城景区(图 5-14)位于常州新区的现代旅游休闲区内,是一座集主题公园、文化演艺、温泉休闲、游憩型商业及动漫创意等于一体的综合度假区,在打破传统景区概念的基础上,把旅游休闲的功能分散到每个角落,进而融合了文化、居住等不同功能,共同组成一个配套完善、个性鲜明的旅居结合的大型旅游休闲社区,涵盖已经建成的中华恐龙园、恐龙谷温泉、树立方恐龙城大剧场、香树湾(高尔夫)花园酒店、三河三园亲水之旅等旅游项目。

13. 天目湖景区(5A 景区)

天目湖景区(图 5-15)位于苏、皖两省交界处的江南历史名城溧阳市境内,被誉为"江南明珠""绿色仙境"。天目湖全区拥有 300 平方千米的生态保护区,区内坐落着沙河、大溪两座国家级大型水库,且处于浙江天目山的余脉。

湖水周边群山环抱,湖水清冽,间有画若棋盘的田畔,疏密错落的茶园,到处是一幅幅纯自然的田园风光图,湖岸蜿蜒曲折,自然景色与人工点缀相得益彰。景区内古树名木,奇花异草,姿态万千。野猪、野兔、野鸡、野鸭等野生动物栖息繁衍,自成天趣。山、水、林、禽、兽同生共荣,构成一幅奇特的大自然生态图。天目湖是一处集森林度假、农业观光、环境保护和湖上娱乐于一体的景区。

图 5-14　环球恐龙城景区

图 5-15　天目湖景区

三、浙江省

(一) 概况

浙江省,简称浙,因钱塘江旧名浙江而得名。位于我国东南沿海,太湖以南、东海之滨。全省面积 10.18 万平方千米,省会杭州市。浙江省是全国著名的"鱼米之乡"和"丝绸之乡",也是风景如画的旅游胜地。

浙江省的地形以低山丘陵和岛屿为主,除北部平原外,大部分地区为低山丘陵。地势西南高、东北低,主要山脉有天台山、括苍山、天台山、会稽山、雁荡山、四明山等。山地逐渐过渡到沿海丘陵和台地,继续伸至海滨,和海岸线成斜交,形成曲折蜿蜒的海岸线。浙江海岸线总长达 6400 千米,居全国首位,有沿海岛屿 3000 余个,舟山群岛是我国最大的群岛,水深在 200 米以内的大陆架面积达 23 万平方千米。

(二) 主要游览地及著名景区

1. 杭州市(省会)

杭州市,简称杭,是浙江省省会、副省级市,浙江省第一大城市,自秦设县以来,已有2200多年的建城史,五代十国时吴越国和南宋在此定都,元朝时曾被意大利旅行家马可·波罗赞为"世界上最美丽华贵之城"。

2. 西湖风景区(世界文化景观遗产;5A 景区)

西湖风景区(图 5-16)以西湖水面为中心,山为背景,湖水平静,堤岛错落,山峰巍峨、树木苍翠,一山二堤三岛(一山指孤山,二堤指苏堤和白堤,三岛指小瀛洲、湖心亭、阮公墩)是它的精华所在。在峰、岩、洞、壑之间,穿插着泉、池、溪、涧,又巧妙地组合了楼、台、亭、塔、榭等园林建筑,使景区内处处有景,真可谓"远山近水皆有情",成为凝聚自然美和人文美的湖泊景区。西湖风景区主要分为水面景区和环湖景区,主要景点"西湖十景"形成于南宋时期,基本围绕西湖分布,有的就位于湖上,分别为苏堤春晓、曲院风荷、平湖秋月、断桥残雪、柳浪闻莺、花港观鱼、雷峰夕照、双峰插云、南屏晚钟、三潭印月。"西湖十景"各擅其胜,组合在一起又能代表古代西湖胜景精华,所以无论杭州本地人还是外地游客都津津乐道,先游为快。

3. 西溪湿地国家公园(5A景区)

西溪湿地国家公园(图5-17),是国内第一个也是唯一的集城市湿地、农耕湿地、文化湿地于一体的国家湿地公园,坐落于浙江省杭州市区西部,在杭州天台山路延伸段,是罕见的城中次生湿地,曾与西湖、西泠并称杭州"三西"。园区约70%的面积为河港、池塘、湖漾、沼泽,正所谓"一曲溪流一曲烟",整个园区六条河流纵横交汇,水道如巷、河汊如网、鱼塘栉比如鳞、诸岛棋布,形成了西溪独特的湿地景致。有"三堤十景"、中国湿地博物馆、洪园等景点。

图5-16 西湖风景区

图5-17 西溪湿地

4. 宁波市

宁波市,简称甬,浙江省第二大城市、副省级城市、计划单列市,地处东南沿海,位于中国大陆海岸线中段,余姚江、奉化江在市区"三江口"汇成甬江,流向东北,经招宝山入东海。宁波枕山臂海,物产丰富,历史悠久,人文积淀丰厚,属于典型的江南水乡兼海港城市,是国家历史文化名城,"海上丝绸之路"东方始发港。宁波市总面积9816平方千米。

5. 绍兴市

绍兴市位于浙江省中北部、杭州湾南岸,是一座拥有2500年历史的文化古城,是"没有围墙的博物馆",是著名的水乡、桥乡、酒乡、书法之乡、名士之乡。其桥的数量是威尼斯的5.5倍,平均每1000平方米就有6.3座桥。"悠悠鉴湖水,浓浓古越情",绍兴以其历史悠久、人文景观丰富、风光秀丽、物产丰富、风土人情、名人辈出而著称于世,素称"文物之邦、鱼米之乡"。著名的文化古迹有兰亭、禹陵、鲁迅故里、蔡元培故居、周恩来祖居、秋瑾故居、马寅初故居、王羲之故居等。

6. 鲁迅故里——沈园景区(5A景区)

鲁迅故里(图5-18)位于绍兴市区鲁迅中路,是一条独具江南风情的历史街区,是原汁原味解读鲁迅作品、品味鲁迅笔下风物、感受鲁迅当年生活情境的真实场所。一条窄窄的青石板路两边,一溜粉墙黛瓦,竹丝台门、鲁迅祖居(周家老台门)、鲁迅故居(周家新台门)、百草园、三味书屋、寿家台门、土谷祠、鲁迅笔下风情园、咸亨酒店穿插其间,一条小河从鲁迅故居门前流过,乌篷船在河上晃晃悠悠,让人总是想起鲁迅作品中的一些场景。

7. 普陀山(5A景区)

普陀山(图5-19)是中国佛教四大名山之一,观音菩萨的道场,素有"海天佛国""南海圣境"之称。景区总面积41.85平方千米,核心景区普陀山岛12.5平方千米。唐、宋、元、明、清历代近20位帝王为求国泰民安而来到普陀山,其乃驰名中外的世界佛教圣地和国际旅游胜地。普陀山风景区由普济、法雨、慧济等寺庙及千步沙、潮音洞、梵音洞、南天门、西天门等20多处名胜景点组成。

图5-18　鲁迅故里　　　　　　　　　　　　图5-19　普陀山

8. 雁荡山(5A景区)

雁荡山(图5-20)坐落在浙江温州乐清境内,面积841公顷,因"山顶有湖,芦苇丛生,秋雁宿之",故而得名。雁荡山根植于东海,山水形胜,以奇异的造型地貌和峰、瀑、洞,山怪峰奇、层峦叠嶂、惟妙惟肖、千姿百态,古洞石室、飞瀑流泉,形成独特的景观,素有"海上名山""寰中绝胜"之誉,史称"东南第一山"。雁荡山形成于1.2亿年前,是一座典型的白垩纪流纹质古火山,景点550多处,辟有八大景区,其中灵峰、灵岩、大龙湫精华荟萃,被称为"雁荡三绝"。

9. 乌镇古镇(5A景区)

乌镇古镇(图5-21)地处浙江省北部杭嘉湖平原腹地,是江南水乡六大古镇之一,是我国现代文学巨匠茅盾的出生地。古老的京杭大运河穿镇而过,镇区由十字形的水系划分为东栅、西栅、南栅、北栅四个区域。从公元872年建镇以来,乌镇镇名未变,镇址未变,水系未变,生活方式未变。传统建筑经百年风雨,依旧保存完好。以河成街,街桥相连,依河筑屋,水镇一体,组织起水阁、桥梁、石板巷、茅盾故居等独具江南韵味的建筑因素,体现了中国古老民居"以和为美"的人文思想,以其自然环境和人文环境和谐相处的整体美呈现江南水乡古镇的空间魅力。

图5-20　雁荡山　　　　　　　　　　　　图5-21　乌镇古镇

10. 横店影视城(5A景区)

横店影视城(图5-22)位于东阳市横店境内,是国内拍摄场景最多、规模最大、设施最全的影视拍摄基地,也是亚洲规模最大的影视拍摄基地,被美国《好莱坞》杂志称为"中国好莱坞"。

横店影视城共有七大景区,分别是秦王宫景区、清明上河图景区、江南水乡景区、大智禅寺景区、广州街香港街景区以及明清宫苑、屏岩洞府景区。

11. 根宫佛国景区(5A景区)

根宫佛国景区(图5-23)位于开化县,以根雕艺术、盆景艺术、赏石文化与园林古建为载体,融华夏上下五千年历史璀璨的文化于奇根异木,构建了一幅恬静优雅、天人合一的画卷。是一处寻根探源山水文化旅游胜地,有福门祥光、云湖禅心、集趣斋、天工博物馆、根雕佛国、醉根宝塔、历史文化长河等近30个景点,陈列有世界上最大的根艺释迦牟尼佛造像和680米长的巨型根雕五百罗汉阵,以及根艺文献资料、根艺名家名作、工艺流程和醉根文化展示等。

图5-22 横店影视城

图5-23 根宫佛国景区

四、安徽省

(一)概况

安徽省,以旧安庆、徽州二府首字而得名。因安徽潜山境内有皖山,春秋时期有古皖国而简称皖,省会合肥市。安徽省位于我国华东区的西北部,面积约14万平方千米,长江、淮河横贯安徽省境内。淮北为平原,淮南多山地丘陵。西有霍山和大别山,东为张八岭。长江沿岸及巢湖流域为皖中平原,长江以南为皖南低山丘陵,黄山、九华山等高峰耸立。

安徽省旅游资源丰富,黄山、西递和宏村古民居群等被联合国教科文组织列入世界文化遗产名录。拥有黄山、九华山、天柱山、琅琊山、齐云山、采石矶、巢湖、花山谜窟、太极洞、花亭湖等国家级重点风景名胜区,拥有寿县、亳州、安庆、绩溪等国家级历史文化名城。

(二)主要游览地及著名景区

1. 合肥市(省会)

合肥市,安徽省省会,因东淝河与南淝河在此汇合而得名,是安徽省政治、经济、教育、金融、科技和交通中心。合肥是一座有2000多年历史的古城,是北宋著名清官包拯和清末名臣李鸿章的家乡(图5-24)。名胜古迹有古战场逍遥津公园、包公祠等。

2. 黄山(世界自然、文化双重遗产;5A景区)

黄山风景区(图5-25),位于安徽省南部黄山市境内,集泰山之雄伟、华山之险峻、衡山之烟云、庐山之飞瀑、雁荡山之巧石、峨眉山之清凉于一体。明代旅行家、地理学家徐霞客两游黄山,赞叹说:"登黄山天下无山,观止矣!"又留有"五岳归来不看山,黄山归来不看岳"的赞誉。

图5-24　李鸿章故居

图5-25　黄山风景区

3. 九华山(5A景区)

九华山(图5-26)坐落在安徽省池州市青阳县,北俯长江,南望黄山,东接太平湖。九华山是地藏菩萨的道场,中国四大佛教名山之一,有"莲花佛国"之称。东崖禅寺、甘露寺、百岁宫、祗园寺并称为九华山四大丛林,而最具特色的是供奉金乔觉(被认为是地藏菩萨的化身,称为"金地藏")肉身的肉身宝殿。

九华山以佛教文化习俗和奇丽的自然风光享誉海内外,尤其在东南亚华人世界更具盛名。九华山素有"九十九峰"之称,千米以上的高峰20多座,为首的是十王峰。

4. 天柱山(5A景区)

天柱山(图5-27)风景区位于安庆市潜山市境内,东临长江,西连大别山,雄峙江淮,自古就有"南岳"之名。公元前106年,汉武帝刘彻登临天柱山将其封为"南岳"。道家将其列为第十四洞天,五十七福地。天柱山又名皖山,是由安徽省的简称"皖"而来。天柱山因主峰雄伟峭拔如"擎天一柱"而得名。景区内"峰雄、石奇、洞幽、水秀",兼有丰富的人文景观,集北山之雄、南山之秀于一身。

图5-26　九华山

图5-27　天柱山

5. 皖南古村落——西递、宏村(世界文化遗产;5A景区)

西递、宏村古民居(图5-28)位于安徽省黟县境内的黄山风景区。

西递村始建于北宋,迄今已有950多年的历史,旧为胡姓人家聚居之地。整个村落呈船形,四面环山,两条溪流穿村而过。村中街巷沿溪而设,均用青石铺地。整个村落空间自然流畅,动静相宜。街巷两旁的古建筑淡雅朴素,错落有致。西递村现存明、清古民居124幢、祠堂3幢,堪称徽派古民居建筑艺术之典范。

宏村始建于南宋,至今已有800余年,原为汪姓聚居之地。它背倚黄山余脉羊栈岭、雷岗山等,地势较高,经常云蒸霞蔚,有时如浓墨重彩,有时似泼墨写意,被誉为"中国画里的乡村"。

6. 天堂寨景区(5A景区)

天堂寨景区(图5-29),位于安徽省金寨县与湖北省罗田县交界的地区,有"华东最后一片原始森林、植物的王国、花的海洋"的美称。天堂寨所处的大别山,是中国南北水系的分水岭,山北,水往北流注入淮河;山南,水往南流注入长江。所以在天堂寨峰顶北可望中原,南可眺荆楚,巍巍群山尽收眼底。天堂寨林区为水源涵养林,独特的地理位置和气候条件,形成了这里"山有多高,水也有多高"的独特自然景观。

图5-28 皖南古村落

图5-29 天堂寨景区

五、江西省

(一) 概况

江西省,简称赣,省会南昌。江西省是江南"鱼米之乡",古有"吴头楚尾,粤户闽庭"之称。因公元733年唐玄宗设江南西道而得省名,又因省内最大河流为赣江而简称赣。江西省全省面积16.69万平方千米。

江西省境内除北部较为平坦外,东、西、南部三面环山,中部丘陵起伏,形成一个整体向鄱阳湖倾斜,而往北开口的巨大盆地。主要山脉有罗霄山、幕阜山、武夷山、怀玉山、大庾岭、九连山、九岭山等,名山众多,有庐山、井冈山、三清山、龙虎山等。全境有大小河流2400余条,其中赣江、抚河、信江、修河和饶河为江西省五大河流,鄱阳湖是中国第一大淡水湖。

江西省铁路交通发达,全省以京九、沪昆、皖赣、鹰厦、武九5条铁路为骨干,有昌九高铁、京福高铁;高速公路达浙江、上海等省市;九江市为重要内河港口,水运干线形成两纵两横的格局;赣江和信江为两纵,长江和昌江为两横;航空运输已形成一个以南昌为轴心,自北向南,以九江、樟树、泰和、吉安、景德镇、赣州连接全国和世界各地的航空运输网。

(二)主要游览地及著名景区

1.南昌市(省会)

南昌市地处江西中部偏北,在赣江、抚河下游,我国第一大淡水湖鄱阳湖西南岸,简称"昌",江西省省会。

1927年8月1日,震惊中外的南昌起义爆发,写下了中国现代史上辉煌的一页,南昌市由此成为"军旗升起的地方",以"英雄城"彪炳史册,驰名天下。现在,南昌推出红色旅游珍品、文化旅游名品、生态旅游精品、休闲旅游新品等四大品牌。南昌十景包括:滕王阁、鄱阳湖、梅岭、绳金塔、八一广场、南昌之星、百花洲、瑶湖、青云谱、八一起义纪念馆。

2.庐山(世界文化景观遗产;5A景区)

庐山(图5-30)位于九江市南,北濒长江,东接鄱阳湖。全山共90多座山峰,最高峰为大汉阳峰,海拔1473.4米。群峰间散布有许多壑谷、岩洞、瀑布、溪涧,地形地貌复杂多样。

庐山风光以"奇、秀、险、雄"闻名于世,素有"匡庐奇秀甲天下"的美誉。水汽缭绕的万顷江湖,使庐山夏日清凉,成为中外闻名的避暑胜地,现有英、美、德、法等18个国家建筑风格的别墅600余栋。

庐山上还荟萃了各种风格迥异的建筑杰作,包括罗马式与哥特式的教堂、融合东西方艺术形式的拜占庭式建筑,以及日本式建筑和伊斯兰教清真寺等,乃庐山风景名胜区之精华。

3.井冈山(5A景区)

井冈山风景名胜区(图5-31)位于吉安市西南部,地处湘赣两省交界的罗霄山脉中段,面积261.43平方千米。这里千峰竞秀,既有气势磅礴的云海、奇妙独特的飞瀑、瑰丽璀璨的日出、蜚声中外的十里杜鹃长廊,又有享誉全球的黄洋界、茅坪八角楼以及被载入百元人民币背景图案的井冈山主峰,更有亚热带次生原始森林、稀有的珍贵树种、栖息林海的珍禽异兽。1927年秋至1928年,毛泽东、朱德等共产党人率领中国工农红军,在这里创建了第一个农村革命根据地,为中国革命开辟了一条农村包围城市的道路,因而井冈山被称为"中国革命的摇篮",每年前往瞻仰、游览的中外游客不计其数。

图5-30 庐山

图5-31 井冈山

4.三清山(世界自然遗产;5A景区)

三清山(图5-32)位于上饶市玉山县与德兴市交界处,因玉京、玉虚、玉华三峰峻拔,宛如道教玉清、上清、太清三位尊神列坐山巅而得名。三峰中以玉京峰为最高,海拔1819.9米。三清山是道教名山,也是中国最秀丽的山峰之一。

三清山现有十大风景区,分别是南清园景区、三清宫景区、玉京峰景区、西海岸景区、东海岸景区、万寿园景区、玉灵观景区、西华台景区、石鼓岭景区、三洞口景区。

5. 龙虎山(世界自然遗产;5A景区)

龙虎山风景名胜区(图5-33)位于鹰潭市,距市中心18千米,由仙水岩、龙虎山、上清宫、洪五湖、马祖岩和应天山等六大景区组成,面积达220平方千米。此外,还包括弋阳龟峰等独立景区(点),面积40平方千米。

图5-32 三清山

图5-33 龙虎山

龙虎山是我国道教的发祥地,其道教圣地、碧水丹山与古崖墓群被誉为"三绝"。现存历代天师起居处——气势恢宏的天师府古建筑群,呈八卦形布局。在数十平方千米范围内分布着从春秋战国时期到明清时期的古崖墓群,规模之大、数量之多、保存之好、时间跨度之长,为世界罕见。

6. 江湾景区(5A景区)

江湾景区(图5-34)位于婺源县东部,为"中国最美乡村"婺源的一颗璀璨明珠。江湾是一座具有丰厚的徽州文化底蕴的古村落,文风鼎盛、群贤辈出,村中还有保存完好的御史府宅、中宪第等明清时期官邸,又有徽派民居滕家老屋、培心堂以及徽派商宅、萧江宗祠。

7. 景德镇古窑民俗博览区(5A景区)

景德镇古窑民俗博览区(图5-35)位于景德镇市瓷都大道古窑路1号。历代古窑展示区内有古代制瓷作坊、世界上最古老的制瓷生产作业线、清代镇窑、明代葫芦窑、元代馒头窑、宋代龙窑、风火仙师庙、瓷行等景点,向人们展示了古代瓷业建筑、明清时期景德镇手工制瓷的工艺过程以及传统名瓷精品。以十二栋明清时期的古建筑为中心的陶瓷民俗展示区内有陶瓷民俗陈列、天后宫、瓷碑长廊、水上舞台瓷乐演奏等景观。水岸前街创意休憩区内有昌南问瓷、三间庙码头、耕且陶焉、前瓷今生、木瓷前缘等瓷文化创意休闲景观。

图5-34 江湾景区

图5-35 景德镇古窑

任务实施

根据所学华东旅游区主要游览地及著名景区,设计从你家乡到华东地区15日游旅游线路。要求:

(1)以市场需求为导向,旅游点结构及住宿和活动时间安排合理。

(2)旅游交通工具如飞机、火车的航班和车次及时间需学生自己查询,但要真实准确,内容丰富多样。

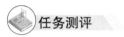任务测评

教师依据学生回答的情况,进行分组点评,并给出测评成绩。

序　号	工　作　内　容	完 成 情 况	存 在 问 题	改 进 措 施
1	安排合理			
2	交通工具真实性			
3	内容丰富多样			

课后小结

根据任务完成情况进行小结。

姓名		组号		教师	
自我小结:					

项目6　平湖山川、浪漫荆楚
——华中旅游区

任务1　区域概况

学习目标
1. 掌握我国华中地区的基本地理位置、气候和地形地貌情况。
2. 掌握湖南、湖北两省的经济和交通概况。

问题与思考
对于湖南和湖北两省大家的最初印象是什么？大家都知道，湖南、湖北两省位于我国大陆腹地，有着丰富的旅游资源，那么就要简单地了解一下这两个省份的基本概况。

工作任务
尽可能多的收集关于湖南、湖北的基本概况，例如铁路、公路、民航的概况。

预备知识
华中旅游区位于我国大陆腹地，包括湖南、湖北两省，总面积397万平方千米，季风气候。华中地区的经济较为发达，是我国重要的交通枢纽。

一、复杂的地形结构

华中地区的地貌以平原为主，四周低山丘陵环抱。主要地貌单元有鄂西山地、鄂北山地、两湖平原、湘西丘陵、湘中丘陵、南岭山地等，横跨我国地势的第二、三级阶梯。鄂西山地地势最高，分布着巫山、神农架、武当山等山脉，长江劈开巫山山脉，在重庆奉节与湖北宜昌之间形成了举世闻名的河川峡谷风光——长江三峡。神农架主峰神农顶海拔3102米，人称"华中屋脊"。著名的道教圣地武当山也在这里。两湖平原由湖北的江汉平原和湖南的洞庭湖平原两部分组成，以长江干流（荆江）为界，以北称江汉平原，主要由长江与汉水冲积而成；以南称洞庭湖平原，由长江及湘、资、沅、澧四水冲积而成。这里地势低平，土壤肥沃，河湖众多，水运便利，是著名的"鱼米之乡"。主要风景名胜有武汉东湖、大洪山、古隆中、岳阳楼、洞庭湖等。

二、四季分明的亚热带季风气候

华中地区属亚热带季风气候区,气候特征是冬温夏热、四季分明、降水丰沛,武汉是我国长江流域的"三大火炉"之一。

三、丰富的生物和水利资源

华中地区由于降水丰沛,以亚热带常绿阔叶林为主的植被生长繁茂,山地丘陵幽深秀美,湘西武陵源风景区以其繁茂的森林植被、良好的生态环境吸引着中外游人。湖北神农架林区更因它种类繁多的动植物资源历来以神秘、神奇著称。湿润的气候,使华中地区河网稠密、湖泊众多、水力资源极为丰富。乘船或其他水上交通工具在江河湖泊中游览是华中地区旅游活动的特点之一。华中地区除了具有像长江三峡这样典型的河川峡谷风光以外,还在平原地区形成了壮阔的平原巨川风光,在河流上游一些河段形成了瀑布景观及漂流河段,如湘西的猛洞河漂流、茅岩河漂流,鄂西的神农溪漂流、清江漂流,成为近年来颇受游客欢迎的旅游项目。湖泊风景中,则以洞庭湖、武汉东湖最为著名。

四、水陆并举,交通发达

自古武汉就有"九省通衢"之称,长江是著名的"黄金水道",我国最长的铁路——京九铁路跨江而过,武汉、长沙等城市都有高铁通往全国各地,方便了人们的出游。

 任务实施

请各小组将收集到的华中地区的基本概况以 PPT 的形式进行展示。

 任务测评

教师针对各小组汇报情况进行评价,并提出改进措施。

 课后小结

根据任务完成情况进行小结。

姓名		组号		教师	
自我小结:					

任务2 旅游资源特征

学习目标

1. 掌握我国华中地区的旅游资源的概况。
2. 掌握两湖地区旅游资源的特点。

问题与思考

我国华中地区物产丰富,旅游资源特点鲜明,有着深厚的文化底蕴。那么华中地区的旅游资源有哪些特点呢?

工作任务

根据教材讲解的内容,以实际例子说明其各自的特点。

预备知识

一、楚文化特色鲜明

楚文化源自中原,在春秋时成为能与中原文化相媲美的中国文化南支,其鲜明的特色表现在青铜器铸造工艺,如湖北随州曾侯乙墓出土的大型青铜编钟被誉为"古代编钟之王";丝织与刺绣,如长沙马王堆汉墓出土的仅重49克的素纱蝉衣;髹漆工艺(漆器),这类文物在湖北江陵、湖南长沙出土得最多,荆州博物馆也保存有大量的髹漆工艺品,此外还有美术、乐舞、文学等方面。

二、三国遗迹众多

华中地区的三国文化遗存十分丰富,尤其是湖北,是开展三国文化专项旅游的极好地方,如荆州古城、襄阳古隆中、赤壁遗址、当阳长坂坡及关陵等。湖南也不乏三国遗迹。

三、近现代革命纪念地和伟人足迹众多

在近现代历史上,华中地区发生了许多重大的革命历史事件,对中国历史产生了深远的影响,如推翻帝制的辛亥革命武昌起义,打响农村包围城市第一枪的秋收起义以及大别山、洪湖革命根据地的建立等。同时,这里也诞生了一大批革命伟人,如毛泽东、刘少奇、彭德怀、贺龙等。

四、山水风光独具特色,原始性强

华中地区有地貌奇特、原始清新的武陵源,林海茫茫、充满神秘色彩的动植物王国神农架等。此外,包括葛洲坝水利枢纽工程及三峡工程在内的现代工程也是华中地区旅游资源的突出优势。

任务实施

请学生从其中一个特点出发,以实际的旅游景点去说明该特点。

任务测评

教师依据学生回答的情况,进行分组点评,并给出测评成绩。

序　　号	工　作　内　容	完成情况	存 在 问 题	改 进 措 施
1	特点鲜明			
2	三国遗迹众多			
3	伟人辈出			
4	风光原生态			

课后小结

根据任务完成情况进行小结。

姓名		组号		教师	

自我小结:

任务3　主要游览地及景区

学习目标

1. 掌握我国湖南、湖北两省的著名旅游景点的概况。
2. 培养团结协作的工作精神。

项目6 平湖山川、浪漫荆楚——华中旅游区

问题与思考

湖南、湖北两省的旅游景点众多,常年吸引着国内外的游客来此旅游。那么,这些著名的景点大家又了解多少呢?下面我们就来领略一下楚地的美好风景吧。

工作任务

根据教材讲解的内容,熟记各著名景点的概况,并设计华中地区的旅游路线。

预备知识

一、湖南省

(一) 概况

湖南省,简称湘,省会长沙市。位于长江中游南岸,因大部分地域处于洞庭湖之南而得名"湖南"。湘江贯穿省境南北,又简称"湘",全省面积21.18万平方千米,有苗族、瑶族、土家族等50个少数民族,省花为芙蓉,所以湖南又有"芙蓉国"的别称。

湖南省的东部、南部、西部均为山地和丘陵地形,中部、北部地势低平,略成个以洞庭湖为中心的马蹄形盆地。主要河流有湘江、资江、沅江、澧水等,湘江为最大河流。湖南属亚热带湿润季风气候,春温多变,夏热长久,秋升朗气,冬寒短促,雨量充沛。

湖南古称"潇湘""湖湘""三湘"。春秋战国时期,湖南归入楚国。至秦代,楚文化与各地文化有了进一步的交流。南宋的周敦颐以孔孟思想为核心,形成了理学体系,大大促进了湘楚文化的发展。历史上,炎黄二帝和尧、舜、禹都来过这里;伟大的爱国诗人屈原曾被放逐于此。湖南又是一块中国革命的热土,毛泽东、刘少奇等人从这里走出去,为中国革命写下了光辉的一页。

湖南旅游资源丰富多彩,既有秀丽的自然风光,又有丰富的人文景观。著名旅游地有武陵源—天门山景区、南岳衡山景区、长沙岳麓山—橘子洲景区、岳阳楼—君山岛景区、毛泽东故居、长沙岳麓书院等。

(二) 主要游览地及著名景区

1. 长沙市(省会)

长沙市位于湘江下游东岸,是湖南省的政治、经济、文化中心,历史悠久。长沙之名始于西周。近代史上长沙曾辟为通商口岸。戊戌变法时为南学会活动中心,梁启超、谭嗣同等人以长沙为中心,倡导维新运动。新民主主义革命时期,长沙在传播马克思主义、创立中国共产党的革命活动中居于重要地位,留下了丰富的历史遗迹。

2. 岳麓山—橘子洲旅游区

岳麓山—橘子洲旅游区位于长沙湘江之滨,依江面市,现有岳麓山景区、橘子洲景区、岳麓书院、新民学会四个核心景区,是集"山、水、洲、城"于一体的风景名胜区。

岳麓山(图6-1)位于长沙市湘江西岸,自古就是游览胜地。这里林草茂密,古树名木众

多,自然风光奇秀,特别是深秋季节,遍山枫叶经霜而红,绚丽多彩,可与北京香山红叶媲美。此外还有丰富的人文景观,故有"岳麓之胜,甲于湘楚"的美誉。

橘子洲(图6-2)位于湘江中心,四面环水,绵延数十里,狭处横约40米,宽处横约140米,西晋时因洲上产橘而有"橘洲"之称,并沿袭至今。处名山城市间,浮袅袅凌上,站在洲头极目楚天,令人心旷神怡。

图6-1 岳麓山

图6-2 橘子洲景区

3. 岳阳楼—洞庭湖景区(5A景区)

岳阳楼—洞庭湖景区(图6-3、图6-4)位于湖南省岳阳市,包括岳阳楼古城区、君山、汨罗江等九个风景区,总面积1300多平方千米。

岳阳楼位于岳阳市西门城头,耸立在洞庭湖边,是我国江南三大名楼之一,建筑精巧宏伟,堪称我国古建筑瑰宝,自古就有"洞庭天下水,岳阳天下楼"的美誉。

岳阳楼始建于公元220年前后。岳阳的青山秀水和岳阳楼的雄伟引来无数文人骚客,如孟浩然、李白、杜甫、韩愈、刘禹锡、白居易、李商隐等大家纷至沓来,登天下楼,赏天下水,并留下大量优美的诗文,使岳阳楼知名度逐渐扩大。但岳阳楼真正闻名天下,则是因为北宋著名文学家范仲淹的千古名篇《岳阳楼记》。今岳阳楼为清光绪年间重建的。

洞庭湖"衔远山,吞长江,浩浩荡荡,横无际涯,渚清沙白,芳草如茵,朝晖夕阴,气象万千"。自古以来,洞庭湖就以湖光山色引人,历代著名学家为之倾倒。唐李白诗云:"淡扫明湖开玉镜,丹青画出是君山。"诗人刘禹锡也吟道:"湖光秋月两相和,潭面无风镜未磨,遥望洞庭山水色,白银盘里一青螺。"洞庭湖是楚文化的摇篮,在历史的长河里留下许多名胜古迹。

图6-3 岳阳楼

图6-4 洞庭湖

4. 韶山(5A景区)

韶山位于湘潭以西40千米,是伟大领袖毛泽东的故乡。这里群山起伏,万仞耸峙,气势磅礴,主要景区有毛泽东故居和故居陈列馆、毛泽东少年时代念书的南岸私塾旧址、毛泽东诗词碑林、韶峰、滴水洞等。近几年还修建了毛泽东铜像、毛泽东图书馆、韶山革命烈士陵园等纪念设施。

毛泽东故居(图6-5)位于韶山市韶山乡韶山冲上屋场,系土木结构的"凹"字形建筑,毛泽东就诞生在这里,并度过了他的童年和少年时代,直到1910年秋,毛泽东离开这里外出求学。大门匾额"毛泽东同志故居"系邓小平同志1983年6月27日所题。故居内的陈设多数为原物。

5. 衡山(5A景区)

衡山(图6-6)又名南岳,是我国著名的五岳名山之一,位于湖南省中部的衡阳市南岳区境内,自古就以秀丽的自然风光和佛、道文化著称,有"五岳独秀"的美誉。

图6-5 毛泽东故居

图6-6 衡山

衡山山势雄伟,绵延数百里,七十二座山峰,峰峰秀丽神奇,主峰祝融峰海拔1300.2米,高峻挺拔,乃"衡山四绝"(祝融峰之高、方广寺之深、藏经殿之秀、水帘洞之奇)之一。

6. 武陵源—天门山风景区(世界自然遗产;5A景区)

武陵源风景区(图6-7)位于湖南省西北部的武陵山脉中,由张家界国家森林公园、杨家寨、天子山和索溪峪等四个部分组成,总面积约500平方千米。武陵源以奇峰、怪石、幽谷、秀水、溶洞闻名于世,独特的砂岩峰林国内外罕见。

天门山距张家界市区约8千米,这里以发育较齐全的岩溶地貌区别于武陵源的砂岩峰林景观,是一座四周绝壁的台形孤山。因自然奇观天门洞而得名。

图6-7 武陵源风景区

图6-8 刘少奇故居

7. 花明楼景区(5A景区)

花明楼位于宁乡市境东南,是一处低山环绕的美丽小镇。境内双狮岭重峦叠翠,清泉奔涌,幽谷灌区水渠与靳江交错而过,低吟浅唱,像两条银链镶嵌其间。这里不仅有秀美的自然风光,还是伟人刘少奇同志的故乡。刘少奇故居(图6-8)位于花明楼镇炭子冲村,坐东朝西,前临水塘,后倚青山,是一座小青瓦、土结构的四合院农舍,大大小小有20余间房屋。现在的故居为原状陈列,除按原貌恢复了原有的房舍外,还陈列了190余件展品,通过这些展品,再现了湖南农家的典型风貌和刘少奇在这里学习和活动的部分场景。

二、湖北省

(一) 概况

湖北省,简称鄂,省会武汉市。因位于长江中游的洞庭湖以北而得名。全省主要民族有汉族、土家族、苗族、回族、侗族等。全省地势西高东低,东、西、北三面环山,西部的山地较高,统称为鄂西山地,中南部为平原地带,以江汉平原为主,整体上形成了一个向南敞开的不完整的盆地。以长江、汉水为干流的水系,纵横交错,大小湖泊星罗棋布,素有"鱼米之乡"和"千湖之省"的美誉。

湖北旅游资源丰富多彩,具有浓郁的地方特色,山水园林、名胜古迹和革命纪念地是湖北旅游资源的三大特色,在全国占有相当重要的地位。

湖北有武当山古建筑群、明显陵、武汉黄鹤楼公园、宜昌三峡大坝旅游区、宜昌三峡人家风景区、十堰武当山风景区、恩施巴东神农溪纤夫文化旅游区、神农架生态旅游区、长阳清江画廊风景区、神农架自然保护区、武昌起义军政府旧址等著名旅游地,上述景点有效地构成了湖北旅游的支撑景点,形成了两市(武汉、宜昌两大旅游中心城市)、两线(长江三峡旅游线、古三国旅游线)、两山(武当山、神农架)的旅游发展格局。

(二) 主要游览地及著名景区

1. 武汉市(省会)

武汉市位于湖北省中部偏东,是全省的政治、经济、文化、交通、旅游中心。地处长江及其最大支流汉水的汇合处,自古就有"江城"之称。武汉市区为长江、汉水所隔开,历史上形成了武昌、汉口、汉阳三镇,所以我们经常称武汉为"武汉三镇"。近代史上,武汉是辛亥革命起义的中心,1911年在武昌首举义旗,打响了推翻帝制的第一枪。

武汉的旅游资源十分丰富,主要风景名胜有黄鹤楼、东湖风景区、归元寺、古琴台、晴川阁、武昌起义军政府旧址、八七会议会址、中央农民运动讲习所旧址、湖北省博物馆、黄陂木兰山生态旅游区、野生森林动物园、中山舰教育基地、将军山国家森林公园等。

2. 黄鹤楼(5A景区)

黄鹤楼(图6-9)位于武汉市武昌区长江南岸蛇山之巅(故址在蛇山临江的黄鹤矶),是我国江南三大名楼之首。黄鹤楼始建于三国吴黄武二年(223年),迄今已有1700多年的历史。南北朝时起成为大型观赏建筑,到隋唐时逐渐成为人们登高望远、欣赏风景的地方。过往于蛇山之下的迁客骚人、官宦商贾莫不系舟上岸,登楼远眺,留下了很多脍炙人口的传世佳作,其中最为人们所熟悉的就是唐代诗人崔颢的《黄鹤楼》。

3. 三峡大坝旅游区(5A景区)

三峡大坝旅游区(图6-10)位于宜昌市境内,于1997年正式对外开放,总占地面积共1528平方千米。旅游区以世界上最大的水利枢纽工程——三峡工程为依托,全方位展示工程文化和水利文化,将现代工程、自然风光和人文景观有机结合,为游客提供集游览、科教、休闲、娱乐为一体的多功能服务,使之成为游客向往的旅游胜地。

图6-9 黄鹤楼

图6-10 三峡大坝旅游区

4. 三峡人家景区(5A景区)

三峡人家景区(图6-11)位于长江三峡中最为奇幻壮丽的西陵峡境内,三峡大坝和葛洲坝之间,跨越秀丽的灯影峡两岸,面积14平方千米。风景区依山傍水,风情如画,古往今来,历代文人骚客写下了许多优美的诗文,如唐代李白,北宋欧阳修、苏辙、黄庭坚,南宋陆游,清代张之洞,还有现代大诗人郭沫若等。风景区主要由龙进溪、天下第四泉、野坡岭、灯影洞、抗战纪念馆、石牌古镇、杨家溪军事漂流等组成。

5. 武当山(世界文化遗产;5A景区)

武当山(图6-12),古名太和山,位于十堰市丹江口市境内,相传为上古玄武(真武大帝)得道飞升之地,有"非真武不足当之"之说,并因而得名。胜景有72峰、36岩、24涧、11洞、10石、9台等。主峰天柱峰(又叫金顶,俗称大顶)海拔1612.1米,巍峨高大,素有"一柱擎天"之誉,而四周群峰向主峰倾斜,形成"万山来朝"的奇观。武当山是著名的道教圣地,被誉为"玄岳",以奇特绚丽的自然风景、宏伟玄妙的古代建筑、博大精深的道教文化、闻名中外的武当武术和美妙动人的民间传说而驰名海内外。

图6-11 三峡人家景区

图6-12 武当山

武当山古建筑群始建于唐代贞观年间(627—649年)。明代是其发展的鼎盛时期,兴建了大批建筑,以铜铸鎏金仿木构建筑的金殿最为著名。

6. 神农架生态景区(世界自然遗产;5A景区)

神农架生态景区(图6-13)位于湖北省巴东县、兴山县、房县三县交界处。神农架为华中第一峰,因此有"华中屋脊"之称。神农架是一个原始神秘的地方,独特的地理环境和区域气候,造就了神农架众多的自然之谜。"野人"、白化动物、珍禽异兽、奇花异草、奇洞异穴等无不给神农架蒙上了一层神秘的面纱。

7. 神农溪纤夫文化景区(5A景区)

神农溪纤夫文化景区(图6-14)地处长江三峡的巫峡与西陵峡之间的恩施土家族苗族

自治州巴东县长江北岸,发源于"华中第一峰"神农架南坡。神农溪现开发旅游线路25条,由以"雄"称奇的龙昌峡、以"秀"见长的鹦鹉峡、以"险"著称的绵竹峡、以"奇"闻名的神农峡组成,总面积575平方千米。峡中灌木植被葱茏茂密,山花野草馨香四溢,群猴飞鸟自在嬉戏,黄羊獐鹿随意出没,山水蓝天浑然一色。神农溪上的船工号子、纤夫拉纤是三峡地区保存最好的"纤夫文化"的活化石,更是万里长江上的一绝。

图6-13 神农架生态景区

图6-14 神农溪纤夫文化景区

8. 东湖生态旅游景区(5A景区)

东湖生态旅游景区(图6-15)位于武汉市的东部,总面积82平方千米,其中水面33平方千米,是中国最大的城中湖,其核心景区之一听涛景区以秀丽的江南风光和源远流长的屈子文化而闻名。景区内岬湾交错、树种繁多,内堤路将多个半岛连在一起,亭阁相望,岸线绵长,四季景色美不胜收。东湖听涛景区还建有全国内陆最大的海沙沙滩浴场、中国第一座寓言雕塑园、楚风园、鳄鱼园等。东湖第一座仿古游船"楚风号"将带你畅游在万顷碧波之上。

9. 屈原故里文化旅游区(5A景区)

屈原故里文化旅游区(图6-16)位于宜昌秭归县城茅坪,占地约0.33平方千米。景区目前已建成了包括以屈原祠、屈原衣冠冢为主要内容的屈原文化旅游园区;以青滩仁村、峡岭纤夫雕塑、牛肝马肺原物复建、龙舟博物馆、端午习俗馆、高峡平湖观景平台等为主要内容的峡江文化园区。以峡江皮影、巫术表演、船工号子为主要内容的非物质文化展示园区,是全国一流的非遗保护传承基地。屈原故里文化旅游区毗邻三峡大坝,与大坝直线距离600米,是距大坝最近的景区,也是观三峡大坝、览高峡平湖的绝佳之地。

图6-15 东湖生态旅游景区

图6-16 屈原故里文化旅游区

 任务实施

请同学们自行设计一条华中地区的旅游路线。

任务测评

教师依据学生回答的情况,进行分组点评,并给出测评成绩。

序 号	工作内容	完成情况	存在问题	改进措施
1	专业性			
2	合理性			
3	经济性			
4	适用性			

课后小结

根据任务完成情况进行小结。

姓名		组号		教师	
自我小结:					

项目7　岭南风韵、连天山海
——华南旅游区

任务1　区域概况

学习目标

1. 掌握我国华南地区的基本地理位置、气候和地形地貌情况。
2. 掌握我国华南地区省份的经济和交通概况。

问题与思考

对于华南地区,大家的最初印象是什么？大家都知道,华南地区位于我国大陆腹地,有着丰富的旅游资源,那么就要简单地了解一下华南地区的基本概况。

工作任务

尽可能多地收集关于华南地区的基本概况,例如铁路、公路、民航的概况。

预备知识

华南旅游区位于我国最南部,包括福建省、台湾省、广东省、海南省、广西壮族自治区和香港、澳门两个特别行政区,面积约375万平方千米。

一、地形以低山丘陵为主,海域辽阔

华南旅游区的地形以低山丘陵为主,平原面积不大,只限于河流两侧和河口三角洲。海岸线曲折,多天然良港,海域广阔,岛屿众多,有台湾岛、海南岛以及东沙、中沙、西沙、南沙诸群岛。广西丘陵盆地,海侵时间长,沉积了很厚的石灰岩,后隆起,在湿热气候条件下,岩溶地貌发育良好。

二、热带、亚热带湿润季风气候

华南旅游区由于纬度低,濒临海洋,是我国受海洋影响最大的地区,属于高温多雨的热带、亚热带湿润季风气候。终年气温较高,年平均温度高于20℃。降水丰沛,雨季长,多数地

区年降水量为1400～2000毫米,70%～80%的降水量集中在5月至10月。夏季多受台风影响,会给旅游者出游造成一定困难。华南旅游区南北跨纬度大,所以南北气候不同。雷州半岛以北属南亚热带湿润季风气候;雷州半岛、海南岛及台湾岛南部属热带湿润季风气候。华南旅游区一年四季均可旅游,春秋两季最为宜人,冬季是避寒的好地方。

三、农业发达,花果飘香

华南旅游区由于高温多雨的气候,农业发达。珠江三角洲、潮汕平原成为我国高产、稳产水稻区;珠江三角洲又是我国三大桑蚕产区之一;华南地区是我国植物种类最多的地区之一,盛产热带、亚热带经济作物和水果。福建省、台湾省都有"水果之乡"之称。福建省盛产龙眼、柚子、柑橘、橄榄、荔枝、菠萝等;水稻、甘蔗和茶叶被誉为"台湾三宝";荔枝、香蕉、柑橘、菠萝又被称为广东四大名果。橡胶、咖啡、黄麻、椰子、油棕和可可等经济作物颇为著名。同时华南地区的茶叶和鲜花也闻名海内外,如福建的乌龙茶、漳州的水仙球,广州四时花期不绝,这些都成为发展旅游业的重要资源。

四、经济繁荣,商业兴盛

华南旅游区是我国最早对外开放之地之一,也是我国最大的外贸交易市场,每年春秋两季的广交会是最大的外贸洽谈盛会。手工业和工艺品生产历史悠久,有许多传统工艺品深受中外游客喜爱,如广州牙雕、福州脱胎漆器、广东粤绣、佛山陶瓷、肇庆端砚、海南椰壳雕,以及台湾的竹、藤、草制品等。

五、海陆联运便利,交通发达

华南旅游区交通较发达,海陆联运便利。铁路以京广、京九、鹰厦等线为骨干。水运最发达,有珠江、闽江等水系连接各地,同时又有广州、厦门、汕头、湛江、泉州、高雄、基隆、马尾等重要国际港口。其中,香港港是天然良港,是远东的航运中心,是全球最繁忙和效率最高的国际集装箱港口之一,也是全球供应链上的主要枢纽港。以广州、福州、海口和香港、台北等为中心,形成了通往国内和国际便利的航空交通网。华南地区是全国公路交通最发达的地区之一,四通八达的公路网方便了旅游。

任务实施

请各小组将收集到的华南地区的基本概况以PPT的形式进行展示。

任务测评

教师针对各小组的汇报情况进行评价,并提出改进措施。

课后小结

根据任务完成情况进行小结。

姓名		组号		教师	

自我小结：

任务2　旅游资源特征

学习目标

1. 掌握我国华南地区的旅游资源的概况。
2. 掌握我国华南地区旅游资源的特点。

问题与思考

我国华南地区物产丰富,旅游资源特点鲜明,有着深厚的文化地缘特点。那么请大家思考,华南地区的旅游资源有哪些特点呢？

工作任务

根据教材讲解的内容,以实际例子说明其各自的特点。

预备知识

一、地貌旅游资源丰富,旅游价值高

华南地区有典型的丹霞地貌景观,如广东丹霞山、福建武夷山;有风景秀丽的岩溶地貌景观,如广东肇庆;有旖旎的海滨风光,如海南三亚天涯海角;有华南独特海岸景观,如海南海口东塞港红树林;有壮丽的山湖景色,如台湾阿里山、日月潭等。

二、独特的热带、南亚热带风光与民族风情

华南旅游区自然地理环境独特,构成热带与南亚热带优美的自然风光。有黎族、高山族等众多的少数民族,构成富有南国特色的民族风情。

三、近代革命遗迹多,爱国主义教育资源丰富

广东省是太平天国运动以及第一、二次国内革命战争的发源地,有著名的中山纪念堂、农民运动讲习所、黄埔军校旧址、三元里、黄花岗等革命纪念地;福建省有上杭古田村的古田会议旧址及会议陈列馆。这些都为爱国主义教育提供了丰富的素材。

四、中外交融的岭南特色文化

华南地区的人文旅游资源受外来文化影响明显,如厦门鼓浪屿、惠州西湖等园林建筑吸收了江南园林艺术,又借助国外构园手法,形成独特的岭南风格。其他如民居、寺庙等也表现出以我国民族风格为主、兼容外国风格的特点,如福建泉州开元寺建于唐代,却含有埃及、希腊、印度的造型艺术,体现了东西文化的建筑风格。华南地区还有福建南普陀寺,台湾高雄佛光寺,台湾澎湖"天后宫",香港和澳门的游乐场所,广东和福建的美味佳肴、戏剧、音乐等丰富多彩的人文旅游资源,令人流连忘返。

请各位同学从其中的一个特点出发,以实际的旅游景点去说明该特点。

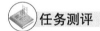

教师依据学生回答的情况,进行分组点评,并给出测评成绩。

序　号	工作内容	完成情况	存在问题	改进措施
1	旅游价值高			
2	独特民族风情			
3	红色旅游			
4	岭南文化			

课后小结

根据任务完成情况进行小结。

姓名		组号		教师	
自我小结:					

任务3 主要游览地及景区

学习目标

1. 掌握我国广东省、台湾省、海南省、福建省的著名旅游景点的概况。
2. 培养团结协作的工作精神。

问题与思考

华南地区的旅游景点众多,常年吸引着国内外的游客来此旅游。那么,这些著名的景点大家又了解多少呢?这些地方的著名景点有哪些?

工作任务

根据教材讲解的内容,熟记各著名景点的概况,设计华南地区的旅游路线并在课上进行展示,说明其合理性、经济性。

预备知识

一、福建省

(一) 概况

福建省,简称闽,省会福州市。位于中国东南沿海,东隔台湾海峡与台湾省相望。土地总面积为124万平方千米,海域面积达13.6万平方千米。福建省地势西北高,东南低,主要山脉有武夷山、太姥山、戴云山、鹫峰山等。境内有闽江、晋江、九龙江、龙湖、西湖等主要河流湖泊。福建以侵蚀海岸为主,岛屿星罗棋布,共有岛屿1500多个,海坛岛现为全省第一大岛,原有的厦门岛、东山岛、大坠岛等岛屿已筑有海堤,与陆地相连而形成半岛。

福建省的旅游资源以山青水绿、风景秀丽而闻名,有武夷山、厦门鼓浪屿—万石山、泉州清源山、福鼎太姥山、泰宁金湖、永安桃源洞—鳞隐石林、平潭海坛、连城冠豸山、屏南鸳鸯溪等风景名胜区。

(二) 主要游览地及著名景区

1. 福州市(省会)

福州市地处东南沿海、闽江下游,是我国对外贸易和交往的重要口岸,又是我国历史文化名城。唐开元十三年(725年),因西北有福山,始称"福州";后又因有屏山、乌山、于山鼎立,别称"三山";到了宋代,福州遍植榕树,形成"绿荫满城,暑不张盖",又称"榕城",简称"榕"。福州工业以机械、化学、电子、造纸、木材、食品等为主。手工艺品、土特产负有盛名,有脱胎漆器、寿山石雕和木画等。福州是"花果之乡",又是乌龙茶的发源地,福州名茶有武夷岩茶、铁观音等,深受中外游客喜爱。福州气候温和、四季常青,是著名的游览城市。

2. 鼓浪屿(5A景区)

鼓浪屿(图7-1)位于厦门岛西南隅,与厦门市隔海相望,面积1.87平方千米。岛上气候宜人,四季如春,无车马喧嚣,有鸟语花香,素有"海上花园"之誉。主要观光景点有日光岩、菽庄花园、皓月园、毓园、环岛路、鼓浪石、厦门市博物馆、郑成功纪念馆、海底世界和天然海滨浴场等,是集观光、度假、旅游、购物、休闲、娱乐为一体的综合性海岛风景文化旅游区。

3. 武夷山(世界自然、文化双重遗产;5A景区)

武夷山(图7-2)风景区位于武夷山市南郊,武夷山脉北段东南麓,是我国著名的游览胜地。属典型的丹霞地貌,素有"碧水丹山""奇秀甲东南"之美誉。

图7-1　鼓浪屿　　　　　　　　　　　　图7-2　武夷山

山清水秀的武夷山是座历史文化名山。早在新石器时期,古越人就已在此繁衍生息。如今悬崖绝壁上遗留的"架壑船棺"和"虹桥板",就是古越人特有的葬俗。在方圆70千米的武夷山风景区内,赤壁、奇峰、曲流、幽谷、险壑、洞穴、怪石构成了独树一帜的自然地貌,具有突出的地学科学价值和美学价值。著名景点有九曲溪、流香涧、玉女峰、大王峰、三仰峰、天游观、万年宫、武夷精舍等。武夷山又是绿色植物的王国和动物栖息、繁衍的理想场所,有"动物乐园""蛇的王国""昆虫世界""鸟的天堂""世界生物之窗""天然植物园"等美称。

4. 泰宁景区(世界自然遗产;5A景区)

泰宁景区(图7-3)位于福建省西北的三明市泰宁县,面积有492.5平方千米,其中丹霞地貌面积252.7平方千米。以典型青年期丹霞地貌为主体,兼有火山岩、花岗岩、构造地貌等多种地质遗迹,是集科学考察、科普教育、观光览胜、休闲度假于一体的综合性地质公园。现已开发金湖、上清溪、状元岩、猫儿山、九龙潭、金龙谷、泰宁古城七大景区,以水上丹霞、峡谷群落、洞穴奇观、原始生态为主要景观特点,集奇异性、多样性、休闲性、文化性于一身。

5. 福建土楼(永定、南靖)(世界文化遗产;5A景区)

福建土楼(图7-4)主要分布在漳州南靖、龙岩永定等地,总数达3万多座,因其大多数为福建客家人所建,是客家文化的象征,故又称"客家土楼"。它产生于宋元,成熟于明末、清代和民国时期。它以历史悠久、种类繁多、规模宏大、结构奇巧、功能齐全、内涵丰富著称,具有极高的历史、艺术和科学价值,被誉为"东方古城堡""世界建筑奇葩""世界上独一无二的、神话般的山区建筑模式"。以南靖县田螺坑土楼群、河坑土楼群及顺裕楼、和贵楼等,龙岩市永定区南溪土楼群、初溪土楼群及振成楼、承启楼、遗经楼等最为著名。

图7-3　泰宁景区

图7-4　福建土楼

6. 白水洋—鸳鸯溪景区(5A 景区)

白水洋—鸳鸯溪景区(图7-5)位于屏南县东北部,距县城30千米。白水洋游览区在鸳鸯溪上游,除溪流两岸的大小飞瀑和岩洞之外,最使人称绝的为"十里水街",它是由三块平坦的巨石铺于水底而成,最大的一块达4万平方米。人行其上,水恰淹脚背,波光粼粼,一片白炽,故称"白水洋"。白水洋平坦宽敞,上面可骑自行车,可驾驶汽车。下游有一条50米长的天然滑道,赤身下滑不伤肌肤,被称为"天然冲浪游泳池"。

鸳鸯溪游览区是我国目前唯一的鸳鸯保护区。鸳鸯溪长14千米,附近山深林密,幽静而清净,是鸳鸯栖息的好地方。每年秋季有数百上千只鸳鸯从北方飞来越冬。这一带溪流早在100多年前就发现鸳鸯,故屏南有"鸳鸯之乡"之美誉。

7. 太姥山(5A 景区)

太姥山风景名胜区(图7-6)位于福鼎市城东南45千米,相传尧帝时有女种菜山中,后羽化仙去,因名太母山,后改称太姥山。太姥山三面临海,有"海上仙都"之称,景区总面积100平方千米。山上岩石为肉红色钾长花岗岩,从北向南成梯状排列,层层下降,岗峦重叠,高耸入云,下临深壑,与万顷碧波交相辉映。景区包含了山岳峰崖、溪潭瀑布、海洋列岛、山顶泉湖、海滨沙滩、古寺、城堡、摩崖石刻、畲族风情等风景名胜资源。

图7-5　鸳鸯溪游览区

图7-6　太姥山

8. 清源山(5A 景区)

清源山风景名胜区位于泉州市北郊,距城2.5千米处,由清源山、九日山、灵山圣墓组成。素有"闽海蓬莱第一山"美誉的清源山是中国道教名山,自古以来就以三十六洞天、十八胜景闻名于世。其中的老君岩,更是中国现存最大、雕技最绝、年代最久的老子石雕造像,堪称"老子天下第一"。清源山风景名胜区综合体现了我国传统的石雕石刻文化、宗教文化、建筑文化。另外,风景区范围内及周边还包含奇崖、泉瀑、山林、田园等景观资源。

二、广东省

(一)概况

广东省,简称粤,省会广州市。位于南岭以南,南海之滨。全省面积1797万平方千米。

广东省地势北高南低,多交错分布山地、平原、丘陵,沿海一带有狭小平原,其中珠江三角洲平原最大。海岸线长,岛屿众多。主要山脉有南岭、云开大山、云雾山、罗浮山等。主要河流有本省最大河流珠江,是由西、北、东三江汇合而成的。广东省气候属亚热带、热带湿润季风气候,高湿多雨,年降水量1500~2500毫米。全年可开展旅游活动,冬季可开展避寒旅游,夏季受台风影响大。在中国近现代史上曾经风云际会,英雄辈出,鸦片战争、太平天国运动、戊戌变法、北伐战争、省港大罢工、广州起义等许多重大历史事件都在这里发生,涌现出洪秀全、康有为、梁启超、孙中山、叶剑英等一批杰出的历史人物,并留下许多珍贵的遗迹。

广东是中国第一经济大省,经济总量占全国的近1/9,远超香港和台湾成为中国经济规模最大,经济综合竞争力、金融实力最强的省份,已达到中上等收入国家水平、中等发达国家水平。

(二)主要游览地及著名景区

1. 广州市(省会)

广州市位于广东省中南部、珠江三角洲北部,地跨珠江两岸,是我国华南经济发达、交通便利的最大城市,又是全国对外贸易中心。广州已有2000多年的悠久历史,别称"羊城",简称"穗",并以五羊塑像作为广州的标志。

广州是广东省和华南地区最大的工业基地,轻工业产品以其独特的岭南民族色彩和艺术风格享誉国内外,每年春秋两季的出口商品交易会吸引了大批外商和各地游客。广州四季均有鲜花,号称"花城"。残冬飘雪、举国迎春之时,羊城花市独放春葩,花街十里,人如潮涌。万花丛中,木棉花色彩美丽,人们把它称作英雄花和市花,成为广州的象征。

广州是全国著名的侨乡,又是我国的南大门,与港澳两地联系密切,又有南国自然风光,历史文化悠久,已成为我国重点旅游城市之一。

2. 白云山景区(5A景区)

白云山景区(图7-7)位于广州市北部,距市区约17千米,是九连山脉的南延部分,素有"南越第一山"之称。白云山全山面积28平方千米,其最高峰摩星岭海拔382米,是广州市最高峰。据说每到秋季,常有白云冉冉升起,使山上变成白茫茫的一片,犹如面纱笼罩。自古以来,白云山一直是广州有名的风景胜地,白云山风景名胜区分为七个游览区,即明珠楼游览区、摩星岭游览区、鸣春谷游览区、三台岭游览区、麓湖游览区、飞鹅岭游览区、荷依岭游览区。

3. 长隆旅游度假区(5A景区)

长隆旅游度假区(图7-8)地处广州新城中心位置,是一个综合性旅游度假区,拥有众多世界级主题乐园和高端度假酒店,集旅游、休闲、文化于一体,是中国目前拥有主题公园数量最多和规格最高的超大型主题景区,被誉为"中国最受欢迎的一站式旅游度假胜地"。长隆欢乐世界、长隆国际大马戏、长隆香江野生动物世界、长隆水上乐园、广州鳄鱼公园、长隆酒店、香江酒店、长隆高尔夫练习中心和香江酒家等九大旅游板块,共同满足游客的多元化旅游度假需求。

图7-7 白云山景区

图7-8 长隆旅游度假区

4. 华侨城旅游度假区(5A景区)

华侨城旅游度假区(图7-9)坐落在美丽的南海之滨、深圳湾畔,这里6平方千米的土地上,长年繁花似锦、绿树成荫,汇聚了中国最为集中的文化主题公园群、文化主题酒店群和文化艺术设施群。以锦绣中华、中国民俗文化村、世界之窗、欢乐谷四大主题公园为核心,充分运用现代休闲理念和高新娱乐科技手段,满足人们参与、体验的时尚旅游需求,营造清新、惊奇、刺激、有趣的旅游氛围,带给人们充满阳光气息和动感魅力的奇妙之旅。

5. 雁南飞茶田景区(5A景区)

雁南飞茶田景区(图7-10)地处梅州市梅县区雁洋镇,总占地面积450公顷,是把农业与旅游有机结合,融茶叶和水果的生产、生态公益林改造、园林绿化和旅游度假于一体的生态农业示范基地和旅游度假村。这里既是一座美丽的茶园,也是一个非常雅致的度假村,被赞为"绿野明珠"。

图7-9 华侨城旅游度假区

图7-10 雁南飞茶田景区

6. 观澜湖休闲旅游区(5A景区)

观澜湖休闲旅游区(图7-11)横跨深圳、东莞,占地面积12.626平方千米,是首次以高尔夫及户外有氧运动为主题而入选的国家5A级景区,是世界最大也是唯一汇聚五大洲球场风格的高尔夫球会,发展了集运动休闲、商务休闲、养生休闲、会议旅游、文化娱乐、美食购物、长居短憩七大功能为一体的国际休闲旅游度假区。历经十余年的砥砺前行,观澜湖荣膺"吉尼斯世界第一大球会",并荣获"鹏城十景"之一。

7. 连州地下河景区(5A景区)

连州地下河(图7-12)位于历史文化古城连州市东北26千米处,在粤、桂、湘三省区交界的崇山峻岭之中,是一个亚热带喀斯特地貌的典型巨型天然石灰岩溶洞。经地质学家分析,该溶洞是因2亿年前的地壳运动而形成,现在可游览面积达6公顷,最高处是旅游避暑胜地。

图7-11　观澜湖休闲旅游区

图7-12　连州地下河景区

8. 丹霞山(世界自然遗产;5A景区)

丹霞山景区(图7-13)位于韶关市,总面积219平方千米,是广东面积最大、景色最美、以丹霞地貌景观为主的风景区和自然遗产地,又称中国红石公园。丹霞山与鼎湖山、西樵山、罗浮山合称广东四大名山。在世界上已发现的1200多处丹霞地貌中,丹霞山是发育最典型、类型最齐全、造型最丰富、景色最优美的丹霞地貌。

此外,丹霞山还有着悠久、丰厚的历史文化内涵,有丰富多彩的人文特点。舜帝南巡奏韶乐、女娲造人补天等许多美丽动人的传说,灿烂的摩崖石刻和碑刻、80多处神奇的古山寨和寺庙、锦石岩的尼姑庵和广东十大禅林之一的别传禅寺,以及神秘的悬棺葬和岩棺葬,都具有极大的历史文化价值,既是珍贵的文化遗产,又是重要的旅游资源。

9. 西樵山(5A景区)

西樵山风景名胜区(图7-14)位于佛山市南海区的西南部,距广州市68千米,总面积14平方千米,共有72峰,最有特色的景致是奇峰怪石和流泉飞瀑。西樵山不仅自然风光秀丽,而且文化底蕴深厚,有"珠江文明的灯塔""南粤理学名山"等美誉。西樵山共划分为十大景区,分别为樵山上下、云海莲台(南海观音文化苑)、黄大仙圣境园、黄飞鸿狮艺武术馆、白云洞、天湖公园、碧玉洞、翠岩、石燕岩、九龙岩、四方竹园等。

图7-13　丹霞山景区

图7-14　西樵山景区

10. 罗浮山(5A景区)

罗浮山风景区(图7-15)位于惠州市博罗县境内,由罗山和浮山合成,它是我国道教山,道教称它为第七洞天,第三十四福地,被誉为"岭南第一山"。它与南海区境内的西樵山并称为"南粤二樵",故有东樵山之称。罗浮山的三大自然特色是:奇峰怪石、飞瀑名泉和洞天奇景。人文景观主要有华首寺、冲虚古观、葛仙祠等。

历代著名文人诗家陆贾、谢灵运、李白、杜甫、李贺、刘禹锡、苏轼、杨万里、汤显祖、屈大均等仰慕罗浮、赞美罗浮,留下了不少名篇佳作;近现代到过罗浮山的名人有孙中山、宋庆龄、廖仲恺、何香凝、陈济棠、蒋介石、周恩来、陈毅等。

11. 开平碉楼(世界文化遗产)

开平碉楼(图7-16)位于广东省江门市下辖的开平市境内,是中国乡土建筑的一个特殊类型,是集防卫、居住和中西建筑艺术于一体的多层塔楼式建筑。其特色是中西合璧的民居,有古希腊、古罗马及伊斯兰等多种风格。根据现存实证,开平碉楼约产生于明代后期(16世纪),到19世纪末20世纪初发展成为表现中国华侨历史、社会形态与文化传统的一种独具特色的群体建筑。

图7-15 罗浮山风景区

图7-16 开平碉楼

三、广西壮族自治区

(一)概况

广西壮族自治区,简称桂,首府南宁市,位于我国南部边疆,南临北部湾,由北宋时的广南西路而得名。又因秦代属桂林郡辖地,故简称桂。面积23.67万平方千米。民族以汉族、壮族为主,其他还有瑶族、苗族、侗族、仫佬族、毛南族、回族、彝族、水族等民族。

广西地形呈盆地状,四周山岭绵延,主要山脉有东北部的越城岭、海洋山,南部的云开大山、六万大山、十万大山,北部的九万大山、凤凰山等。中部岩溶丘陵,平原广布。由于广西远在距今4亿至2.25亿年前是一片汪洋大海,海底沉积了以石灰岩为主的碳酸盐类岩层,后地壳运动,上升成为陆地,并产生褶皱和断裂,这就为流水浸入和溶蚀石灰岩深部提供了有利的通道。因此,广西成为我国石灰岩分布面积大、岩溶地形发育最典型的地区,著名的桂林山水、漓江风光就是典型的岩溶地貌。郁江流域和红水河下游一带平原面积较大。

广西历史悠久,古人类、古建筑、古文化遗址、古水利工程、石刻、墓葬等古文物及革命斗争纪念遗址众多。广西是以壮族为主体的多个少数民族聚居的少数民族自治区,他们各自的语言、服饰、建筑物、生活习惯、风土人情、喜庆节日、民间艺术、工艺特产、烹调技术等,构成了多姿多彩的民族风情,为民族风情观光旅游提供了良好的条件。

(二)主要游览地及著名景区

1. 南宁市(首府)

南宁市,简称邕,古称邕州,位于广西中部偏南,是广西壮族自治区首府,广西第一大城市,北部湾经济区核心城市,中国东盟博览会永久举办地,是广西的政治、经济、文化、科教、金融和贸易中心。

得天独厚的自然条件,令南宁满城皆绿,四季常青,形成了"青山环城、碧水绕城、绿树融城"的城市风格。南宁盛产菠萝、香蕉、荔枝、龙眼、芒果等,是一座水果飘香的花园城市,土特产有田七、桂皮、八角、罗汉果等,旅游景点有南湖、伊岭岩、广西民族文物苑等。

2. 桂林漓江(5A景区)

桂林漓江(图7-17)是世界上规模最大、风景最美的岩溶山水游览区,它以桂林市为中心,北起兴安灵渠,南至阳朔,由漓江一水相连。这里的景色无比秀美,江里的倒影别有一番情趣,水里的山,比岸上的山更为清晰。而且因为水的流动,山也仿佛流动起来。山的姿态也随着船的位置不断变化。其中一江(漓江)、两洞(芦笛岩、七星岩)、三山(独秀峰、伏波山、叠彩山)具有代表性,是桂林山水的精华所在。

3. 独秀峰—王城景区(5A景区)

独秀峰—王城景区(图7-18)位于桂林市中心,是以桂林"众山之王"——独秀峰为中心,明代靖江藩王府地为范围的精品旅游景区。景区内自然山水风光与历史人文景观交相辉映,"桂林山水甲天下"这千古名句的真迹题刻就出于此处。朱元璋称帝封藩时,将其侄孙朱守谦封藩于桂林,称靖江王。王府按照朝廷对藩王府所做的规定构筑,其主要建筑前为承远门,中为承运殿,后为寝宫,最后是御苑。清顺治九年(1652年),定南王孔有德抵抗不住义军的进攻,火焚王府,城内建筑化为残垣。现城墙及四门依然完好,城内建筑为抗日战争结束后,在原基础上仿古重建。独秀峰位于靖江王城内,孤峰突起,陡峭高峻,气势雄伟,素有"南天一柱"之称。

图7-17 桂林漓江

图7-18 独秀峰

4. 桂林乐满地度假世界(5A景区)

桂林乐满地度假(图7-19)世界位于桂林兴安县灵湖风景区("乐满地"源自英语"romantic"一词的直译,即"浪漫"的意思,在这里有"使游客的快乐洒满乐园每个地方!"的意思),总占地4平方千米,其中包括时尚、动感、刺激与欢乐并存的主题乐园和集广西少数民族艺术及乐满地欢乐文化的五星级度假酒店,以及依山势高低错落而建的丽庄园木屋别墅区、美式丘陵国际标准27洞高尔夫俱乐部。

5. 花山(世界文化遗产)

花山风景名胜区(图7-20),位于崇左市西南部的宁明、龙州两县境,以古代壮族的大批山崖壁画为主要景观,分布于 2800 多平方千米范围之内,大壁画有 64 处,最集中的是花山和明江两处。岩画形象生动,多姿多态,是研究壮族历史、文化及民族学、民俗学、考古学的珍贵史料。这里峰峦叠秀,风光秀丽,有酒壶山、宝剑山、白鹤山、紫霞洞等景点。

图 7-19　桂林乐满地度假世界

图 7-20　花山

四、海南省

(一) 概况

海南省,简称琼,别称琼州,省会海口市。海南经济特区是中国最大和唯一的省级经济特区。海南岛是仅次于台湾岛的中国第二大岛。海南地处南海,北隔琼州海峡与广东省相望,西濒北部湾,南达曾母暗沙,东南临辽阔的南海。

海南省陆地总面积 3.4 万平方千米,海域面积约 200 万平方千米,其中海南本岛面积 339 万平方千米。海南省汉族、黎族、苗族、回族是世居民族,黎族是海南岛上最早的居民。

海南岛地势中部高,四周低,比较大的河流大都发源于中部山区,组成辐射状水系。全岛独流入海的河流共 154 条,其中水域面积超过 100 平方千米的有 38 条。南渡江、昌化江、万泉河为海南岛三大河流。

海南省气候四季宜人,风景秀丽,是我国最迷人的热带风光旅游胜地,也是国际公认的海滨旅游胜地。此外,还有知名景点五公祠、海瑞陵园、琼台书院等历史文物古迹,有琼海万泉河、文昌东郊椰林、东寨港红树林、陵水猕猴岛、屯昌鹿场、海口马鞍山火山口等奇特自然景观,以及通什黎寨苗村等民族风情。

(二) 主要游览地及著名景区

1. 南山文化旅游区(5A 景区)

南山文化旅游区位于三亚市的西部,是全国罕见的超大型文化和生态旅游园区,分为三大主题公园。南山佛教文化园,是一座展示中国佛教传统文化,富有深刻哲理寓意,能够启迪心智、教化人生的园区。中国福寿文化园,是一座集中华民族文化精髓,突出表现和平、安宁、幸福、祥和之气氛的园区。南海风情文化园,是一座利用南山一带蓝天碧海、阳光沙滩、山林海礁等景观的独特魅力突出展现中国南海之滨的自然风光和黎村苗寨的文化风情,同时兼容一些西方现代化文明的园区。

2. 南山大小洞天景区(5A 景区)

南山大小洞天景区(图 7-21),古称鳌山大小洞天,位于三亚市以西 40 千米处的南山西南隅,枕海壁立,为崖州古城之南面屏障。自宋代开辟为旅游景点以来,至今已有800多年的历史,是海南岛历史最悠久的风景名胜。南山大小洞天景区自古因其奇特秀丽的海景、山景、石景和洞景,号称"琼崖八百年第一山水名胜",众多文人墨客在此流连忘返。南山大小洞天景区如今成为以传统的中国道家文化为主题,融热带海滨风光、民俗风情、休闲度假为一体,聚道家养生、道家人文景观、道家文化艺术为一体的风景区。

3. 天涯海角

天涯海角(图7-22)位于三亚市区西北24千米处的马岭山下,是久负盛名的海滨旅游地。这里前海后山,山脚向海中伸展。巨大的岩石斜峙海边,在山海之间的沙滩上耸立着一系列花岗岩球状风化和侵蚀构成的浑圆形怪石,无数形状不一的巨石散布在海滩上。怪石之中,有两巨石,一刻"天涯",一刻"海角",字大如斗,游客睹此顿有如身处世界边缘之感。在"天涯"巨石左边约300米处,有尊形似钢柱的7米高的巨石,刻有"南天一柱"。

图7-21 南山大小洞天景区

图7-22 天涯海角

4. 亚龙湾

亚龙湾位于三亚市区东10千米处。此地海湾沙滩绵延7千米,海湾风平浪静,水清似镜,清澈见底。沙滩沙白如雪,遍地铺满奇形怪状的海石花。水温常年宜人,空气特别清新,是理想的日光浴、海水浴和沙浴的场所。

5. 呀诺达雨林文化旅游区(5A景区)

呀诺达雨林文化旅游区(图7-23)位于三亚市郊35千米处,景区充分以天然形胜和热带雨林景观为主体基础景观,融"热带雨林文化、黎峒文化、南药文化、生肖文化"等优秀的文化理念于一体,构建一个以"原始绿色生态"为主格调的高档次、高品位、高质量的大型生态文化旅游主题旅游景区。是一个集观光度假、体验参与、休闲娱乐为一体,可持续发展的文化中心,是具有国际水准的综合性、复合型生态文化休闲度假主题景区,同时也是海南省第一个充分展示和表现海南热带雨林"绿色生态文化"的综合性主题景区。

6. 分界洲岛景区(5A景区)

分界洲岛景区(图7-24)位于陵水县东北部海面上,从远处望去,分界洲岛犹如一位躺卧在海面上的美女,所以当地渔民称之为"睡美人岛"或"观音岛"。

海南分界洲岛旅游区是一个集海底、海上、空中为一体的立体型、多资源旅游景区,是海南省最早开发开放的无人居住型海岛旅游区,由山、海、岛相融合的独特资源构成,拥有众多独特自然景观,景观特色鲜明,吸引力强,游客可以海、陆、空立体体验海洋旅游项目。可提供潜水、海钓、海底潜艇观光、游艇、海豚表演、鲸鲨观光等多种旅游服务。

图7-23　呀诺达雨林文化旅游区

图7-24　分界洲岛风景区

五、台湾省

(一) 概况

台湾省,简称台,省会台北市。位于我国东南海域,西与福建省隔海相望,东临太平洋,由台湾岛、澎湖列岛、钓鱼岛、赤尾屿、彭佳屿、兰屿、绿岛等80余个岛屿和海域组成,陆地面积3.6万平方千米。有汉族、高山族等民族,其中97%是汉族,多数是福建、广东两省客家后裔。

(二) 主要游览地及著名景区

1. 台北故宫博物院

台北故宫博物院位于台北市士林区外双溪,始建于1962年,是仿照故宫样式设计建筑的宫殿式建筑,1965年落成,1966年启用,原名中山博物院,后改为"故宫博物院"。台北故宫博物院是中国著名的历史与文化艺术史博物馆。建筑设计吸收了中国传统的宫殿建筑形式,淡蓝色的琉璃瓦屋顶覆盖着米黄色墙壁,洁白的白石栏杆环绕在青石基台之上,风格清丽典雅。

2. 台北中山纪念馆

台北中山纪念馆(图7-25)位于台北市仁爱路,是为纪念孙中山先生百年诞辰而兴建。孙中山先生是中国革命的先行者,是中国现代史上的一位杰出人物。纪念馆占地11.6万平方米。馆外有中山公园环绕,还有九曲桥、池塘、假山、柳树等景色点缀。

3. 台北101大厦

台北101大厦(图7-26)位于台北市信义区,高508米,地上101层,地下5层。该楼融合东方古典文化及台湾本土特色,造型宛如劲竹,节节高升。另外运用高科技材质及创意照明,以透明、清晰营造视觉穿透效果。建筑主体分为裙楼(台北101购物中心)及塔楼(企业办公大楼)。这里有世界最高的建筑露天观景台、最快的电梯速度、跨年夜最大的倒数计时钟。

图7-25　台北中山纪念馆

图7-26　台北101大厦

4. 阿里山

阿里山(图7-27)位于台中嘉义县东北,纵贯台湾省本岛西部,主峰大塔山海拔2663米。阿里山景色优美,气候凉爽,有长达71.4千米的森林登山铁路,是台湾著名的风景游览区和最佳避暑胜地。高山铁路、森林、云海、日出及晚霞,号称"阿里山五奇"。

5. 日月潭

日月潭(图7-28)是台湾最大的天然湖,位于台湾省南投县,是中国最美的湖泊之一,由玉山和阿里山之间的断裂盆地积水而成。湖面海拔748米,面积7.93平方千米(满水位时10平方千米),最大水深27米,湖周长约36千米。日月潭四周群山环抱,潭水清澈见底,能见度达10米以上,"青山拥碧水,明潭抱绿珠",清人曾作霖说它是"山中有水水中山,山自凌空水自闲"。日月潭中有一小岛,远望好像浮在水面上的一颗珠子,以此岛为界,北半湖形状如圆日,南半湖形状如弯月,日月潭因此而得名。日月潭景色之美,在于环湖皆山,林木葱郁,山中有水,水中有山,山水相映。春夏秋冬四季,晨昏晴雨雾雪,景物变化万千,各有妙处。游人泛舟,可登临驻足,观赏环湖景色。

图7-27　阿里山

图7-28　日月潭

六、香港特别行政区

(一) 概况

香港特别行政区,简称港,地处华南,珠江口以东,与广东省深圳市隔深圳河相望,濒临南海。香港可分为香港岛、新界、九龙半岛和离岛四个部分,总面积1104平方千米。

香港地形属于岭南丘陵的延伸部分,故多石山、岩岛和港湾,平原少,是一个山岛。香港岛上的最高峰为太平山,海拔552米。位于新界的大帽山海拔957米,因雾大,当地人也叫"大雾山",是香港的最高峰。

香港气候属于热而湿润的亚热带季风气候,年均温度22℃,年雨量2200毫米,一年四季均可旅游。香港地理位置优越,背靠中国内地,南通东南亚地区,是东西方和东亚、东南亚地区海空交通运输的枢纽,又处于世界航道要冲,成为外国旅游者进入中国以及华侨和台胞进入中国大陆的门户。

(二)主要游览地及著名景区

1. 太平山

太平山(图7-29)位于香港岛西部,古称香炉峰,又称扯旗山,海拔552米,为香港岛最高峰,当夜幕降临之际,站在太平山上放眼四望,只见在万千灯火的映照下,香港岛和九龙宛如镶嵌在维多利亚港湾的两颗明珠,互相辉映。香港的心脏中环地区,更是高楼林立,显示着香港的繁华兴旺。太平山也因此成为观赏香港这颗"东方之珠"美妙夜景的最佳去处,被列为世界四大夜景之一。

2. 香港会议展览中心

位于湾仔的香港会议展览中心(图7-30)外貌雄伟,由两座建筑物组成,旧翼于1988年落成,新翼则于1997年扩建而成。新翼外形以流线型上盖为设计重心,犹如大鹏展翅,成了湾仔的标志。香港会议展览中心是国际大型会议及展览会的首选场地,也是1997年中英两国移交主权仪式的地点。

图7-29 太平山

图7-30 香港会议展览中心

3. 香港海洋公园

香港海洋公园(图7-31)是一个以海洋为主的大型主题公园,位于香港南区的黄竹坑,是东南亚最大的海洋主题休闲中心,它依山傍海,占地14.3公顷,公园分山上和山下两部分,山上是香港海洋公园的主要部分,有海洋馆、海涛馆、海洋剧场、百鸟居;山下的水上乐园,是亚洲第一个水上游乐中心,还有花园剧场、金鱼馆及仿照历代文物所建的集古村等,游人可利用登山缆车和室内扶手电梯往来公园各个景点。

4. 香港迪士尼乐园

香港迪士尼乐园(图7-32)位于大屿山竹篙湾,占地126公顷,背靠北大屿山,面向竹篙湾,是全球第五个以迪士尼乐园模式兴建的主题乐园,中国第一个迪士尼主题乐园。分为美国小镇大街、探险世界、幻想世界、明日世界、灰熊山谷、反斗奇兵大本营及迷离庄园等主题园区。

图7-31　香港海洋公园

图7-32　香港迪士尼乐园

七、澳门特别行政区

(一) 概况

澳门特别行政区,简称澳,位于南海之滨、广东省珠江口西岸,北面紧连珠海市,隔海东望即是香港,与香港、广州鼎足分立于珠江三角洲外缘,包括澳门半岛、氹仔岛和路环岛,总面积约30.4平方千米。

澳门半岛形状如靴,大部分是填海造成的,故多人工海岸。路环岛上的塔石塘山海拔172米,为澳门最高点。澳门地理位置优越,全年气候温和,属亚热带海洋性气候,每年11月至12月是旅游最佳季节。

澳门面临南海,背依大陆,与内地有航空、陆路交通直接相连,旅游交通方便。公路直通广东省珠海市,澳氹大桥、友谊大桥和路氹公路连通了澳门半岛和氹仔岛、路环岛。澳门东部海上建有澳门国际机场,可飞往国内外重要城市。澳门又是自由港,成为香港和东南亚各国游客的游览点。

(二) 主要游览地及著名景区

1. 大三巴牌坊

大三巴牌坊(图7-33)位于澳门半岛中央大炮台山西侧,是圣保罗教堂前壁。圣保罗教堂,我国古称三巴寺(三巴为葡萄牙文的音译),建于1637年,是当时东方最大的天主教堂。1835年圣保罗教堂被一场大火烧毁,仅残存下最珍贵的前壁屹立不倒。当地人以其大,又因它的形状与中国传统牌坊相似,故称"大三巴牌坊"。牌坊高约27米,宽23.5米,共分五层,底下两层为同等的长方矩形,由三至五层构成三角金字塔形,顶端竖有十字架。

大三巴牌坊综合了欧洲文艺复兴时期的建筑风格与东方建筑风格,雕刻精细,巍峨壮观,成为澳门的象征。

2. 澳门历史城区

澳门历史城区(图7-34)是由22座位于澳门半岛的建筑物和相邻的8块前地所组成,以旧城区为核心的历史街区。

澳门历史城区是中国境内现存年代最古老、规模最大、保存最完整和最集中的东西方风格共存建筑群,其中包括中国最古老的教堂遗址和修道院、最古老的基督教坟场、最古老的西式炮台建筑群、第一座西式剧院、第一座现代化灯塔和第一所西式大学等。城区当中的大部分建筑都具有中西合璧的特色,至今仍完好地保存或保持着原有的功能。

图7-33　大三巴牌坊

图7-34　澳门历史城区

3. 妈阁庙

妈阁庙(图7-35)位于澳门半岛西南的妈阁街,原称妈祖阁,俗称天后庙,始建于明弘治元年(1488年),已有500多年的历史,是澳门最古老的庙宇。庙内主要供奉道教女仙妈祖,又称"天后娘娘""天妃娘娘",人称其能预言吉凶,常于海上帮助商人和渔人化险为夷,消灾解难。据说,每年农历三月二十三是妈祖的诞生日,渔民们都来为她祝寿,举行盛大的祭祀活动,善男信女纷纷前来烧香祭拜,祈求平安吉祥。妈阁庙背山面海,依山而筑,环境幽静,整个建筑古色古香,富有浓郁的中国民族古建筑特色。

4. 东望洋山

东望洋山(图7-36)位于澳门半岛东北部,是澳门半岛最高处,海拔93米。古称琴山,以其横卧似琴而得名,又名"松山"。站在山顶远眺,不仅整个澳门风光尽收眼底,就连海洋景色也可一览无遗,真是名副其实的望洋山。山上有三大名胜古迹,即圣母雪地殷教堂、城堡炮台和东望洋灯塔。

图7-35　妈阁庙

图7-36　东望洋山

5. 渔人码头

渔人码头（图7-37）是澳门首个主题公园和仿欧美渔人码头的购物中心。澳门渔人码头建于外港新填海区海岸，邻近港澳码头，占地100多万平方米。整个项目按照设计分为"宫廷码头""东西汇聚""励骏码头"三个主题区域。

澳门渔人码头的概念源自欧美，代表的是一种欧陆怀旧式的休闲。此处特色商铺林立，更有兰桂坊式的、欧式的餐厅酒吧等，将不同的元素综合于一体，像一座小城市。

6. 威尼斯人度假村

威尼斯人度假村（图7-38）位于澳门氹仔望德圣母湾大马路，是集酒吧、饮食、购物、住宿、娱乐于一体的度假村。其占地足以容纳90架波音747客机，包括华丽景点、3000多间豪华套房和娱乐设施。超过30家世界各地特色菜的餐馆和超过350个国际品牌专卖店的大运河购物中心，还有大运河的贡多拉等都是威尼斯人度假村的最大特色。

图7-37　渔人码头　　　　　　　　图7-38　威尼斯人度假村

任务实施

请同学们自行设计一条华南地区的旅游路线。

任务测评

教师依据学生回答的情况，进行分组点评，并给出测评成绩。

序　号	工作内容	完成情况	存在问题	改进措施
1	专业性			
2	合理性			
3	经济性			
4	适用性			

课后小结

根据任务完成情况进行小结。

姓名		组号		教师	

自我小结：

项目 8　奇山异水、民族风情
——西南旅游区

任务 1　区域概况

学习目标

1. 了解西南旅游区的概况。
2. 了解西南地区的气候、经济、交通等基本情况。

问题与思考

西南地区地处我国腹地,也有许多得天独厚的旅游资源,那么大家都知道西南地区的哪些基本情况呢?比如行政区划、自然资源情况等等。

工作任务

结合中国地图册,说说西南地区的基本情况、旅游景点的集中区域、交通经济发展的情况。

预备知识

西南旅游区包括重庆市、四川省、云南省、贵州省共四个省、直辖市。民族构成复杂,除汉族外,还有壮族、藏族、彝族、苗族、侗族、傣族、回族、白族、布依族、哈尼族等 30 多个世居少数民族,是我国少数民族最多的地区。

一、地形以高原、山地、盆地为主,水系密布,岩溶地貌发育

本区除川西、滇西属于我国三阶梯地形大势中的第一级阶梯外,其余皆位于第二级阶梯上。自然地理区域可分为横断山脉、云贵高原、四川盆地和三个地理单元。

横断山脉是青藏高原东部若干条南北走向山脉的总称,主要山脉有大雪山、沙鲁里山、宁静山、他念他翁山等。山脉与谷地高低悬殊,形成山高谷深的峡谷区。山顶和谷底的高差可达 2000～3000 米,其中位于云南丽江市境内的虎跳峡,谷深 3000 多米,最窄处仅 30 多米,是世界最雄伟的峡谷之一。这里也是我国水能资源最丰富最集中的地区,主要河流有金沙江、澜沧江、怒江、大渡河、雅砻江等。

云贵高原由云南高原和贵州高原组成。元江以东的云南东部和贵州西部属云南高原,

地势西北高、东南低,平均海拔2000米。该区新构造运动活跃,断裂下陷形成许多盆地或断层潮,如滇池、抚仙湖等。漠东为碳酸盐类岩石,岩溶地貌发育,如著名的石林景区。云南高原以东为贵州高原,海拔下降到平均1000米左右,地势向北、东、南倾斜,边缘部分被切割成低山丘陵。这里地形复杂,山岭、丘陵、河谷、平坝相互交错。贵州高原碳酸盐岩石约占80%,因此岩溶地貌十分发育,高原边缘坡度大,河流到此常形成急流或跌水,如我国最大的瀑布——黄果树瀑布即在此区。

四川盆地位于四川省东部与重庆市西部,面积约17万平方千米,盆地四周有海拔1000~3000米的山地高原环绕,北面是米仓山、大巴山,西北面是龙门山,西面是邛崃山、大凉山,东面是巫山,南面是大娄山。西部和北部山地较高,东面和南面山地较低。盆地内北高南低,海拔700~2000米,由于其在地质史上是稳定凹陷而形成的湖盆,其中堆积了厚达数千米的紫色或红色页岩,故有"红色盆地"之称。

盆地东部是由20余条东北—西南向平行裸皱背斜山岭组成,海拔700~1000米。盆地中部为方山丘陵区,面积约占盆地的一半,海拔多在700米以下。丘陵南部边缘山地石灰岩分布广泛,岩溶地貌发育。盆地西部是著名的成都平原,面积达6000多平方千米,平均海拔500~600米,微向东南倾斜。平原上河网密布。闻名于世的水利工程——都江堰灌溉着万亩良田,使这里成为沃野千里的"天府之国"。

长江横贯盆地中部,岷江、沱江、嘉陵江和乌江四条支流汇入长江。在重庆市奉节县以东,长江穿越巫山山脉,形成著名的长江三峡。

二、气候复杂多样,地域差异明显

横断山脉区气候受地形影响,垂直变化明显,山麓河谷为亚热带,随地势的升高,逐渐变为暖温带、温带、寒温带、高山寒带和终年积雪等垂直分布的非地带性气候类型。

云贵高原气候冬暖夏凉,四季如春,年降水量约1000毫米,空气湿润,多云雾,日照时数相对较少。"天无三日晴"是贵州的气候特点,而云南则四季如春,但"雨便成冬"是云南北部的气候特点。云南南部的西双版纳为热带气候。

四川盆地属亚热带湿润季风气候,其特点是冬暖、春早、夏热、无霜期长。整个盆地的无霜期可达290~350天,夏季长而酷热,是全国较热的地区之一,极端最高温高于40℃。由于盆地四周高山环绕、盆地内水网发育,风力微弱,故而盆地内湿度大、云雾多、日照少。

三、奇花异草遍布,珍禽异兽繁多

复杂的地形、多样的气候,孕育了丰富的植物资源,从亚热带至热带的各种植物达数千种,称得上是植物宝库;多种珍稀动物栖息于此,是天然动物王国。

四、边贸日益繁荣

西南地区疆界绵延,与缅甸、越南、老挝接壤,随着一批口岸的开放,边境贸易规模逐年上升,贸易结构也越来越多样化,促进了边境旅游。

五、交通条件改善

大西南虽深居内陆,但随着南广高铁、沪昆高铁、成渝高铁、贵广高铁等高铁的开通,辅之以公路、民航,为西南地区的旅游业提供了便利条件。

任务实施

(1)地貌形态的掌握。
(2)气候情况的了解。
(3)经济和交通情况。

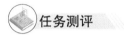任务测评

教师依据学生回答的情况,进行分组点评,并给出测评成绩。

序　　号	工作内容	完成情况	存在问题	改进措施
1	地貌形态			
2	气候			
3	经济与交通			

课后小结

根据任务完成情况进行小结。

姓名		组号		教师	
自我小结:					

任务2　旅游资源特征

1. 了解西南旅游区的资源情况。
2. 掌握西南四省、市旅游资源的特征。

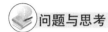

请回答我国西南地区的地形气候、经济特点、交通情况，并以此为基础，简要说明我国西南地区的旅游景区特点。

根据西南地区气候、经济、交通等基本情况，分析西南地区旅游资源的特点。

一、岩溶地貌奇观荟萃

西南地区是我国岩溶地貌发育最典型，分布最广泛的地区。云南、贵州及四川、重庆南部，碳酸岩类岩石广泛分布区。贵州省碳酸岩分布约占全省面积的3/4，云南东部碳酸岩分布约占全省面积的一半。在地质历史上，西南地区气候湿热，故发育了典型的热带、亚热带岩溶地貌。云南石林风景区内的石林柱高达数十米，造型千姿百态，被誉为"造型地貌博物馆"。贵阳以南到广西邻近地区，以密集高大的峰林、峰丛和圆形洼地为特色，并多跌水和瀑布，著名的黄果树瀑布群就发育在这个地区。溶洞在西南地区分布广泛，其中最著名的有贵州省织金县的织金洞、独山仙人洞、安顺龙宫及娄山爷洞等。这些溶洞最长达10千米，洞内石笋、石柱、石鼓、石盾、石花、石幔等千姿百态、各具特色。重庆武隆以岩溶地貌著称，四川九寨沟、黄龙更以岩溶堆积地貌闻名于世。

二、峡谷风光雄、险、奇、幽

西南地区长江上游河段位于我国第一、第二级阶梯，因此具有落差大、水流急、峡谷深的特点，著名的峡谷就有长江三峡和虎跳峡。虎跳峡位于云南丽江市金沙江河段，金沙江在长江第一湾的石鼓附近，流向急转约180°，从北向南急转为从南向北，湍急的江水切断玉龙山和哈巴雪山，形成世界著名的峡谷——虎跳峡。在16千米长的峡谷中，河水落差竟达196米，江水奔腾咆哮，两岸雪山高耸入云，山顶与江面的落差高达3000多米，江面最窄处仅30米，相传老虎可跃而过，故名虎跳峡。奔腾咆哮的江水、峡谷，与插入云天的雪峰构成了一幅雄险、壮丽的天然奇景。

三、自然保护区景观众多

由于西南地区地形复杂多样、气候湿润、垂直变化明显，且有多处人类活动干扰较少的地区，因此这里保存有原始的自然生态环境、种类众多的野生动植物，建有多处自然保护区，其中属于国家级自然保护区的有：保护亚热带常绿阔叶林生态系统的贵州省梵净山自然保护区，有"童话世界"之称的四川九寨沟自然保护区，保护世界著名孑遗动物、中国国宝——大熊猫集中栖息地的四川卧龙自然保护区，以及以保护第三纪孑遗植物银杉为主的重庆金佛山自然保护区、王朗自然保护区等，这些自然保护区顺应了人们回归自然的心态，对旅游者具有很大的吸引力。

四、天然的动植物园

西南地区因地形复杂、气候垂直和水平差异显著，环境多种多样，为各种动植物提供了良好的生存条件。因此，植物资源十分丰富，热带植物多达 15000 多种，仅云南的植物种类就多达 12000 多种，几乎占全国植物种类的 1/2，被誉为"植物王国"。其中园林植物多达 2000 多种，很多为稀有品种。观赏花卉中的山茶、杜鹃、玉兰和报春为云南的四大名花。西双版纳经济林木，如橡胶、油棕、咖啡、油桐、油茶、漆树、茶、竹等分布广泛。药用植物种类之多，居西南地区之首，其中许多为珍贵药材，如天麻、杜仲、黄连、当归、党参等，种类繁多的植物为动物提供了适宜的生存环境。因此，动物种类多达 1000 余种，其中兽类 200 余种，约占全国 1/2；鸟类 550 余种，约占全国的 2/5；鱼类 200 余种；爬行和两栖类各 60 余种，大熊猫、金丝猴、羚牛、华南虎、云豹、水獭、小熊猫、金猫、绿孔雀等为国家级保护动物。

五、以宗教文化为主的名山、古迹较多

四川西南部的峨眉山是我国著名四大佛教名山之一，相传是普贤菩萨的道场；在乐山市东、凌云山西壁，岷江和大渡河汇流处，有举世闻名的乐山大佛（高 71 米）；在重庆市西 120 千米的大足区境内，有著名大足石刻；还有江津石门大佛（高 23 米）、安岳县卧佛（长 23 米）、潼南大佛（高 27 米）以及荣县大佛（高 36.7 米）等一批石刻佛像。

位于四川省都江堰市西南 15 千米处的青城山，是我国道教发源地之一。此外，被列入"世界文化遗产名录"的云南丽江古城，长江三峡两岸的白帝城、巴人悬棺、丰都"鬼城"、张飞庙、石宝寨及云南的大观楼、西山龙门等都是西南地区著名的人文旅游资源。

六、绚丽多彩的少数民族风情

西南地区是我国少数民族聚居最多的地区，除汉族外，还有壮族、藏族、彝族、苗族、侗族、傣族、回族、白族、布依族、哈尼族、基诺族等 30 多个世居少数民族，这些少数民族都有着悠久的历史、灿烂的文化、独特的民居建筑、丰富多彩的民俗和礼仪、传统的民族节日、多姿

多彩的舞蹈,是吸引旅游者的重要人文旅游资源。例如,彝族的"火把节"及舞蹈"阿西跳月",白族的"三月街",傣族的"泼水节",壮族的三月三"歌圩节",苗族的"龙舟节""苗族年"及节日期间的斗牛、赛马、踩芦笙等都是一年中最吸引游客的日子。

任务实施

(1)地貌山谷特点。
(2)自然保护区、动植物种多。
(3)民族风情、宗教文化。

任务测评

教师依据学生回答的情况,进行分组点评,并给出测评成绩。

序　号	工 作 内 容	完 成 情 况	存 在 问 题	改 进 措 施
1	地貌山谷特点			
2	自然保护区、动植物种多			
3	民族风情、宗教文化			

课后小结

根据任务完成情况进行小结。

姓名		组号		教师	
自我小结:					

任务3　主要游览地及景区

学习目标

1.掌握渝、川、云、贵各省、市的旅游景点情况。

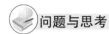
项目8 奇山异水、民族风情——西南旅游区

2.结合所讲内容,进行西南地区旅游线路的设计工作。

问题与思考

你都知道西南四省、市的哪些自然资源?基本情况是怎样的?

工作任务

请你根据西南地区的旅游资源特点情况,设计西南地区的旅游路线。

预备知识

一、重庆市

(一)概况

重庆市位于嘉陵江与长江汇流处,因嘉陵江古称渝水,故简称渝。

重庆历史悠久,宋代称恭州,南宋光宗赵惇于公元1189年被封恭王于此,同年又继皇帝位,认为是"双重喜庆",于是把恭州改名为"重庆"。重庆市于1997年3月升级为中央直辖市,面积8.24万平方千米,是我国面积最大、人口最多的直辖市。

重庆城内江河纵横,峰峦叠嶂。北有大巴山,东有巫山,东南有武陵山,南有大娄山,地形大势由南北向长江河谷倾斜,起伏较大。地貌以丘陵、山地为主,坡地面积较大,成层性明显,分布着典型的石林、峰林、溶洞、峡谷等岩溶景观。

重庆是一座集江城、山城和历史文化名城为一身的现代山城都市。辖区内巴山绵延,渝水纵横,以壮丽的自然山水风光、独特的山城都市风貌、浓郁的民族民俗风情驰名中外。有以举世闻名的长江三峡、名扬四海的山城夜景为代表的旅游区,构成了集山、水、林、泉、瀑、峡、洞等为一体的壮丽自然景观和独特的巴渝文化、三峡文化与抗战文化等人文景观。

(二)主要游览地及著名景区

1. 大足石刻(世界文化遗产;5A景区)

大足石刻(图8-1)位于重庆市大足区境内,有70余处5万余尊宗教石刻造像。它是唐末、宋初时期的宗教摩崖石刻,以佛教题材为主,儒家、道教造像并陈,尤以北山摩崖造像和宝顶山摩崖造像最为著名。大足石刻以其规模宏大、雕刻精美、题材多样、内涵丰富和保存完整而著称于世,以鲜明的民族化和生活化特色成为中国石窟艺术中一颗璀璨的明珠。

2. 巫山小三峡(5A景区)

巫山小三峡(图8-2),是大宁河下游流经巫山境内的龙门峡、巴雾峡、滴翠峡的总称。小三峡全长50千米,景区内有多姿多彩的峻岭奇峰,变幻无穷的云雾缭绕,清幽秀洁的飞瀑清泉,神秘莫测的悬崖古洞,茂密繁盛的山林竹木,是一处玲珑奇巧的天然盆景;有攀树纵岩的嬉戏猴群,成双成对的结伴鸳鸯,展翅纷飞的各种水鸟,畅游碧水的多种鱼类,树林里百鸟啼鸣的欢歌笑语随时可闻,是一处名不虚传的风景动物园;有谜存千古的巴人悬棺、船棺、古寨,是一处珍贵的历史遗迹。

图 8-1　大足石刻

图 8-2　巫山小三峡

3. 武隆喀斯特景区(世界自然遗产;5A 景区)

武隆喀斯特景区(图 8-3)包括天生三桥、仙女山、芙蓉洞三部分。

天生三桥地处仙女山南部,位居仙女山与重庆市武隆区之间,由天龙桥、青龙桥、黑龙桥组成,以其规模庞大、气势磅礴称奇于世,是亚洲最大的天生桥群。仙女山位于重庆市武隆区仙女山镇,地处重庆东部武陵山脉,海拔 2033 米,拥有森林 220 平方千米,天然草原 66.67 平方千米,夏季平均气温 22℃,有"天上广寒宫,人间清暑殿""山城夏宫"之美誉。芙蓉洞位于重庆市武隆区江口镇 4 千米处的芙蓉江畔,主洞长 2700 米,几乎包括了钟乳石所有沉积类型。

4. 酉阳桃花源景区(5A 景区)

酉阳桃花源景区(图 8-4)位于重庆市酉阳土家族苗族自治县,集秦晋历史文化、土家族民俗文化、自然生态文化,天坑、溶洞、地下河共生岩溶地质奇观于一体,由古桃源、伏羲洞、桃花源广场、桃花源国家森林公园、酉州古城、桃花源风情小镇、二酉山世外桃花源文化主题公园等七大部分组成。

图 8-3　武隆喀斯特景区

图 8-4　酉阳桃花源景区

5. 黑山谷景区(5A 景区)

黑山谷景区(图 8-5)位于重庆市万盛经济技术开发区黑山镇境内,这里山高林密、人迹罕至,保存着地球上同纬度为数不多的亚热带和温带完好的自然生态,森林覆盖率达 97%,被专家誉为"渝黔生物基因库",是目前重庆地区最大的、原始生态保护最为完好的自然生态风景区。黑山谷风景区原始生态风景由峻岭、峰林、幽峡、峭壁、森林、竹海、飞瀑、碧水、溶洞、仿古栈道、浮桥、云海、田园、原始植被、珍稀动植物等各具特色的景观组成。

6. 金佛山—神龙峡景区(5A 景区)

金佛山(图 8-6)位于神秘的北纬 30°附近,重庆市南川区境内,大娄山脉北部,景区面积

441平方千米,最高峰海拔2238米,"金佛何崔嵬,缥缈云霞间"是对金佛山最美好的写照。由于特殊的地理位置和气候条件,远古时期,缓冲了第四纪冰川的袭击,较为完整地保持了古老而又不同地质年代的原始生态,岩溶地貌特征明显。景区以其独特的自然风貌,品种繁多的珍稀动植物,雄险怪奇的岩体造型,神秘幽深的洞宫地府,变幻莫测的气象景观和名刹古寺遗迹而荣列巴蜀四大名山。

图8-5 黑山谷景区

图8-6 金佛山

神龙峡位于重庆南川区南平镇内,景区辖区面积约20平方千米,原始植被极为丰富,是离重庆主城近且原始的生态峡谷之一。神龙峡主景区属典型的"V"字形深切峡谷,两边山峰高耸,壁立千仞,气势磅礴。峡谷内溪流蜿蜒,清澈透明。

二、四川省

(一) 概况

四川省,简称川、蜀,省会成都市,位于西南腹地,全省面积48.6万平方千米,有汉族、藏族、彝族、羌族、苗族、回族、土家族等10多个世居民族。

四川山川秀丽,旅游资源丰富,世界遗产数量较多,在这片广袤秀美的土地上有碧波叠翠的蜀南竹海,三国蜀汉遗迹剑门蜀道,自贡大型恐龙博物馆,技术设备先进的西昌卫星发射基地,集现代冰川、温泉、原始森林于一体的海螺沟景区,现为亚洲第一高坝、世界第三高坝的二滩水电站以及冬季迷人的南国冰雪世界等众多得天独厚的旅游资源。四川的民族风情浓郁,民俗节庆活动更是独具特色、丰富多彩。闻名遐迩的大型活动有乐山国际旅游大佛节、南国冰雪节、自贡恐龙灯会、凉山彝族火把节、攀枝花长江国际漂流节等40多个民俗节庆。

(二) 主要游览地及著名景区

1. 成都市(省会)

成都市,简称蓉,四川省省会,副省级市,中国国家区域中心城市(西南),是国务院确定的西南地区的科技中心、商贸中心、金融中心和交通、通信枢纽,也是四川省的政治、经济和文教中心,拥有中西部地区最大的航空港。

成都有着3000余年的建城史,古为蜀国地,秦并巴、蜀为蜀郡并建城,汉因织锦业发达专设锦官管理,故有"锦官城"之称。三国蜀汉、五代十国的前后蜀及北宋李顺、明末张献忠等割据政权先后在此建都。前蜀皇帝在此广植芙蓉,故成都简称蓉,别称"芙蓉城"。

2. 都江堰旅游区(5A 景区)

都江堰(图 8-7)是世界闻名的古代综合性大型水利工程,在都江堰市灌口镇玉垒山下,2200 多年前由秦国蜀郡郡守李冰父子主持建造,工程主要包括分水鱼嘴、飞沙堰、宝瓶口三部分,使成都平原成为"天府之国"。整个工程设计科学、严谨,历经 2000 多年,经过近代的扩建,至今仍发挥着重要的作用。

3. 武侯祠

武侯祠(图 8-8)位于成都市武侯区,它是中国唯一的一座君臣合祀祠庙和最负盛名的诸葛亮、刘备及蜀汉英雄纪念地,也是全国影响最大的三国遗迹博物馆。成都武侯祠现占地 15 万平方米,由三国历史遗迹区(文物区)、西区(三国文化体验区)以及锦里民俗区(锦里)三部分组成,享有"三国圣地"的美誉。

图 8-7 都江堰

图 8-8 武侯祠

4. 乐山—峨眉山旅游区(世界自然、文化双重遗产;5A 景区)

(1)峨眉山景区。

峨眉山景区(图 8-9)位于乐山市峨眉山市境内,景区面积 154 平方千米,包括大峨、二峨、三峨、四峨四座大山。通常说的峨眉山就是指的大峨山,其最高峰万佛顶海拔 3099 米,为峨眉山的主峰。峨眉山地势陡峭,风景秀丽,素有"峨眉天下秀"的称誉。峨眉山常出现神奇的"佛光"现象,金顶的舍身崖是观日出、云海、佛光的理想之地。

峨眉山是中国四大佛教名山之一,是普贤菩萨的道场,主要崇奉普贤大士,有寺庙约 26 座,重要的有报国寺、万年寺、伏虎寺等八大寺庙,佛事频繁。峨眉山气候多样,植被丰富,共有 3000 多种植物,其中包括许多世界上稀有的树种。山路沿途有较多猴群,常结队向游人讨食,为峨眉山一大特色。

(2)乐山大佛景区。

乐山大佛景区(图 8-10)位于乐山市郊、岷江、大渡河交汇处,与乐山城隔江相望,地处凌云山中部。乐山大佛开凿的发起人海通禅师遍行大江南北、江淮两湖募化钱财,开凿大佛。佛像于唐玄宗开元初年(713 年)开始动工,历时 90 年,于贞元十九年(803 年)完成。

大佛头与山齐,足踏大江,双手抚膝,体态匀称,神情肃穆,依山凿成,临江危坐。佛像造成之后,曾建有十三层楼阁覆盖,时称"大佛阁""大像阁",宋时称"天宁阁"。可惜毁于明末的战乱,被张献忠的起义军焚毁。在大佛左右两侧沿江岸壁上,还有两尊身高 10 米多、手持戈戟、身着战袍的护法武士石刻,以及数百龛上千尊石刻造像,形成了庞大的佛教石刻艺术群。

图8-9 峨眉山景区

图8-10 乐山大佛

5. 九寨沟(世界自然遗产;5A景区)

九寨沟(图8-11)位于阿坝藏族羌族自治州九寨沟县,因为九个藏族村寨坐落在这片高山湖泊群中,因而被称为"九寨沟"。九寨沟总面积约720平方千米,大部分为森林所覆盖。九寨沟风景名胜区主景长80余千米,由沟口—诺日朗—长海和诺日朗—原始森林两条支沟组成,有长海、剑岩、诺日朗、树正、扎如、黑海六大奇观,佳景荟萃,自然纯净。山、水、林诸多景物中,尤以水景最为奇丽。在狭长的山沟谷地中,有色彩斑斓、清澈若镜的100多个湖泊散布其间,泉、瀑、河、滩将无数碧蓝澄澈的湖泊连缀一体,千姿百态,如诗如画。加之雪峰、蓝天映衬和四时季节变换,使九寨风光有"黄山归来不看山,九寨归来不看水"和"中华水景之王"之称。

6. 黄龙风景区(世界自然遗产;5A景区)

黄龙风景区(图8-12)位于四川省阿坝藏族羌族自治州松潘县境内,西距松潘县城56千米,面积700平方千米,由黄龙本部和牟尼沟两部分组成。黄龙本部主要由黄龙沟、丹云峡、雪宝顶等景区构成,牟尼沟部分主要是扎嘎瀑布和二道海两个景区。黄龙风景区主要因佛门名刹黄龙寺而得名,以彩池、雪山、峡谷、森林"四绝"著称于世,是中国唯一的保护完好的高原湿地。它是一条长约7千米,宽约300米的钙化山峡,这里山势如龙,又称"藏龙山"。这一地区还生存着许多濒临灭绝的动物,如大熊猫和四川疣鼻金丝猴。

图8-11 九寨沟

图8-12 黄龙风景区

7. 邓小平故里(5A景区)

邓小平故里(图8-13)位于广安市区北,距离广安市区7千米。邓小平故里旅游区包括绿色长廊、邓小平纪念园、佛手山景区、协兴老街、牌坊新村,总面积319平方千米。按照"保护、发展、美化、繁荣"的方针,景区建成了以邓小平故居为核心,占地553公顷的生态纪念园。园内绿化率80%以上,整个园区郁郁葱葱、井然有序、自然亲切,形成了一座令人仰慕的"天然纪念馆",以"我是中国人民的儿子"为主题,形象生动地展现了邓小平同志为中国革命、建设和改革开放事业不懈奋斗的光辉一生。

8. 阆中古城(5A景区)

阆中古城(图8-14)位于四川盆地东北缘、嘉陵江中游,已有2300多年的建城历史,为古代巴国、蜀国军事重镇。阆中土肥水美、气候适宜、物产丰富。

图8-13 邓小平故里　　　　　　　　　　　图8-14 阆中古城

阆中古城的建筑风格体现了我国古代的居住风水观,棋盘式的古城格局,融南北风格于一体的建筑群,形成"半珠式"、"品"字形、"多"字形等风格迥异的建筑群体,是中国古代建城选址"天人合一"完备的典型范例。以古城为中心,已经形成"古城南区""张飞庙旅游区""东山园林""锦屏山旅游区""阆中滕王阁旅游区""古城科举文化旅游区""天宫院旅游区"等多处旅游区。

9. 北川羌城旅游区(5A景区)

北川羌城旅游区(图8-15)由中国羌城——永昌、地震遗址——老县城、"5·12"特大地震纪念馆、北川羌族民俗博物馆、北川新县城景观轴、吉娜羌寨等高品质旅游景点组成,总面积6.01平方千米。其中,中国羌城——永昌,不但集羌族建筑之大成,更汇聚了党和国家、全国人民、海外侨胞及全社会的无疆大爱;"5·12"特大地震纪念馆不仅是全国爱国主义教育基地,还是全国最大、最全面纪念"5·12"地震事件的纪念馆;北川羌族民俗博物馆是全国唯一全面展示羌族历史文化的民俗博物馆,是中国民俗博物馆北川分馆,也是中国最大的羌族民俗博物馆,被誉为"中国羌族第一馆";巴拿恰商业街是集商业、餐饮、休闲娱乐、旅游接待为一体的特色步行街;吉娜羌寨是羌族文化体验观光地,也是羌族传统文化保存最完整的村寨。

10. 汶川特别旅游区(5A景区)

阿坝州汶川特别旅游区(图8-16)包含震中映秀、水磨古镇、三江生态旅游区。汶川县映秀镇路口矗立着一块写着"5·12震中映秀"几个大字的巨大石头,几个大字格外醒目。这块巨石是地震时山体崩裂滚下来的,如今成为震中映秀的标志性路牌。水磨古镇位于四川省汶川县南部的岷江支流寿溪河畔,早在商代就享有"长寿之乡"的美誉,时称老人村,后更名为水磨。"5·12"大地震后,水磨古镇重建的禅寿老街、寿西湖、羌城三大区,古今历史文化交汇、藏羌人文风情荟萃,俨然一幅"高山峡谷、湖光山色、古街林、风情四溢"的"水墨画",被誉为汶川大地震灾后重建第一镇。

图8-15 北川羌城旅游区

图8-16 汶川特别旅游区

三、云南省

(一) 概况

云南省,简称滇或云,省会昆明。位于中国西南边陲,是人类文明重要发祥地之一。生活在距今170万年前的云南元谋人,是迄今为止发现的我国和亚洲最早的人类。战国时期,这里是滇族部落的生息之地。唐时称南诏,宋为大理国,元置云南行中书省,明代设云南布政使司。云南面积39.4万平方千米,有汉族、彝族、哈尼族、白族、壮族、苗族、回族、纳西族、瑶族、怒族、阿昌族、德昂族、蒙古族、独龙族、基诺族等民族,是我国世居民族最多的省份。

(二) 主要游览地及著名景区

1. 昆明市(省会)

昆明市位于云贵高原的中部,滇池盆地东北部,海拔1894米,三面环山,南临滇池。这里气候温和,四季如春,从春到冬,漫山遍野,鲜花盛开,是一座名副其实的"万紫千红花不谢,冬暖夏凉四时春"的"春城"。是云南省政治、经济、文化、科技、交通中心,西南地区重要的中心城市和旅游、商贸城市,亦是中国面向东南亚、南亚、东盟开放的重要枢纽城市。

昆明的文物古迹、风景名胜众多,著名的有大观楼、滇池、安宁温泉、世界园艺博览园、云南民族村等。

2. 石林(5A景区)

石林景区(图8-17)位于昆明市石林彝族自治县境内,占地总面积400平方千米,是世界唯一位于亚热带高原地区的岩溶地貌风景区,素有"天下第一奇观""石林博物馆"的美誉,是以石林地貌景观为主的岩溶地质公园。石林形态类型主要有剑状、塔状、蘑菇状及不规则柱状等,造型优美,似人似物。特别是这里连片出现的石柱群,远望如树林,故名"石林"。景区范围广阔,景点众多,有大小石林、乃古石林、芝云洞、长湖、大叠水瀑布等。

3. 玉龙雪山(5A景区)

玉龙雪山景区(图8-18)位于丽江坝北边,距丽江市区15千米,山北麓直抵金沙江。整座雪山由十三个峰组成,由北向南呈纵向排列,延绵近50千米。主峰海拔5500米,是世界上北半球纬度最低、海拔最高的山峰。

图 8-17 石林景区　　　　　　　　　　　　　　图 8-18 玉龙雪山

玉龙雪山是云南亚热带的极高山地,从山脚河谷到峰顶具备了亚热带、温带到寒带的完整的垂直带自然景观。玉龙雪山旅游资源丰富,景观大致可分为雪域、冰川景观、高山草甸景观、原始森林景观、雪山水景等。十三峰,峰峰终年积雪不化,宛若一条"玉龙"腾越飞舞。

4. 丽江古城(世界文化遗产;5A 景区)

丽江古城(图 8-19),又名"大研古镇",位于云南省丽江市,坐落在丽江坝中部、玉龙雪山下,是融合纳西民族传统建筑及外来建筑特色的唯一城镇。始建于南宋末年,已有 800 多年历史。丽江古城未受中原建城礼制影响,城中道路网不规则,没有森严的城墙。它是以充分体现人与自然和谐统一、多元融合的文化为特点,以平民化、世俗化的百姓古雅民居为主体的"建筑群"类型的世界文化遗产,是一座至今还存活着的文化古城。

5. 崇圣寺三塔(5A 景区)

崇圣寺(图 8-20)又名"三塔寺",位于大理古城 3 千米处,融合了"禅宗""密宗"特点,集大乘佛教、大理阿吒力佛教、藏传佛教为一体。三塔浑然一体,气势雄伟,具有古朴的民族风格。修建三塔后,又建了规模宏大的崇圣寺。据说建塔时是采用"堆土造塔"的方法。三塔皆为白色,秀丽、雄伟、壮观。三塔经历了风雨剥蚀和多次强烈大地震,仍然巍然屹立,显示了古代大理劳动人民的智慧。

图 8-19 丽江古城　　　　　　　　　　　　　　图 8-20 崇圣寺三塔

6. 中科院西双版纳热带植物园(5A 景区)

中国面积最大、植物多样性最丰富的植物园——中国科学院西双版纳热带植物园

(图 8-21),又称勐仑热带植物园,位于勐腊县勐仑镇,1959 年在著名植物学家蔡希陶教授的领导下创建。植物园占地面积 500 公顷,共救培 600 多种世界珍稀热带植物,已经建成了 13 个专题园:热带果树资源园、阴生植物园、棕榈植物园、水生植物园、民族植物园、药用植物区、龙脑香植物区、香料植物区、竹类植物区、珍稀濒危植物迁地保护区、榕树园、树木园、名人名树园。

7. 普达措国家公园(5A 景区)

普达措国家公园(图 8-22)位于云南省西北部香格里拉市境内的旅游东环线上,距县城 22 千米,是集高原湖泊、高山草甸、河流、原始森林、野生动植物、民族风情、宗教文化为一体的旅游精品景区。普达措国家公园总面积 1313 平方千米,包括了碧塔海省级自然保护区和"三江并流"世界遗产地——红山片区之属都湖景区,区域内以高山—亚高山寒温性针叶林森林生态系统,高山—亚高山草甸、沼泽生态系统和高原湖泊—湿地生态系统为主要景观,是原始生态环境保存相对完好的地区。国家公园内有脊椎动物 70 科 279 种、昆虫 12 目 51 科 493 种、两栖爬行类 2 目 5 科 13 种。碧塔海自然保护区鱼类资源丰富,湖中珍贵的"碧塔重唇鱼"属第四纪冰川时期遗留下来的古生物,是碧塔海内唯一的鱼类,为香格里拉高原所特有的鲤科淡水鱼类。

图 8-21 西双版纳热带植物园

图 8-22 普达措国家公园

四、贵州省

(一) 概况

贵州省,简称黔,省会贵阳。位于我国西南部,古为夜郎国所在地,明朝设贵州布政使司,清朝设贵州省。因省东北部秦时属黔中郡,唐属黔中道,故简称黔。全省面积 17.61 万平方千米,有汉族、苗族、布依族、水族、回族、壮族、瑶族等民族,是我国多民族的省份之一。

贵州地貌属于中国西南部高原山地,境内地势西高东低,自中部向北、东、南三面倾斜,平均海拔在 1100 米左右,全省地貌可概括分为高原、山地、丘陵和盆地四种基本类型,高原山地居多,素有"八山一水一分田"之说。

贵州环境独特,地貌类型多样,山石、水景、洞穴等自然风光秀丽,是一座迷人的天然公园,是世界上岩溶地貌发育最典型的地区之一,有最绚丽多彩的岩溶景观。黄果树瀑布气势雄伟,是世界著名的大瀑布之一;位于安顺西南郊的龙宫,是一个岩溶洞湖,湖在洞中,山石水景;被誉为"世界奇观"的织金洞,规模宏伟,造型精美,景观奇特;有"高原明珠"之称的红枫湖,湖中有岛,岛中有湖,湖光山色,风景迷人;黔东南㵲阳河风景区,碧水清波,奇峰异石耸立于沿河两岸,由西峡、诸葛峡和龙王峡组成,素有"小三峡"之称。

(二)主要游览地及著名景区

1.贵阳市

贵阳市位于贵州省中部,因位于境内贵山之南而得名,是贵州省的政治、经济、文化、科教、交通中心和西南地区重要的交通通信枢纽、工业基地及商贸旅游服务中心。古代贵阳盛产竹子,以制作乐器"筑"而闻名,故简称"筑",也称"金筑"。贵阳风光旖旎,是一座"山中有城,城中有山,绿带环绕,森林围城,城在林中,林在城中"的具有高原特色的现代化都市。

贵阳山川秀丽,气候宜人,有中国"第二春城"之美称。市内风景名胜和文物古迹众多,有黔灵山、花溪公园、甲秀楼、南郊公园等。

2.黄果树瀑布(5A景区)

黄果树瀑布(图8-23)位于安顺市镇宁布依族苗族自治县的白水河上游,因当地广泛分布着"黄葛榕"而得名。瀑布宽101米,高77.8米,周围岩溶广布,河宽水急,重峦叠嶂。黄果树瀑布以其雄奇壮阔的大瀑布、连环密布的瀑布群而闻名于海内外,它是由18个风韵各异的大小瀑布组成,享有"中华第一瀑"之盛誉。黄果树瀑布群的各瀑布不仅风韵各具特色,造型十分优美,堪称世界上最典型、最壮观的岩溶瀑布群,而且在其周围还发育着许多岩溶溶洞,洞内发育有各种岩溶洞穴地貌。

3.安顺龙宫景区(5A景区)

安顺龙宫景区(图8-24)位于安顺市西南27千米的马头乡龙潭村,以水溶洞群为主体,更集旱溶洞、瀑布、峡谷、峰丛、绝壁、湖泊、溪河于一身,构成一幅怡然自得的人间仙境画图。龙宫总体面积达60平方千米,分为中心、漩塘、油菜湖、仙人箐等四大景区。有着全国最长、最美丽的水溶洞,还有着多类型的岩溶景观,被游客赞誉为"大自然的大奇迹"。

图8-23 黄果树瀑布

图8-24 安顺龙宫景区

4.遵义会议会址

遵义会议会址(图8-25),位于遵义市老城子尹路,是一幢建于20世纪30年代的砖木结构、中西合璧的二层楼房,1935年1月初,红军长征到达遵义后,这里是红军总司令部驻地。1月15日至17日,著名的遵义会议(即中共中央政治局扩大会议)就在主楼楼上原房主的小客厅举行。这次会议确立了以毛泽东为代表的新的中央领导集体。现会址已按历史原貌修一新,并陈列着许多历史文物,供游人参观瞻仰。会址大门临街,正中高悬巨匾,那是毛泽东于1964年11月题写的黑漆金匾,上有"遵义会议会址"六个大字,苍劲有力,金碧辉煌。

5.赤水丹霞(世界自然遗产)

赤水丹霞(图8-26)位于贵州省赤水市境内,是早期丹霞地貌的代表,其面积达1200平方千米,主要以高原峡谷型和山原峡谷型为主,峡谷深切,地面破碎,地势起伏大。赤水丹霞不同于国内其他地方,属于青年早期的丹霞地貌,也是丹霞地貌最美的阶段。赤水丹霞不只是单一丹霞地貌,还结合了瀑布、湿地、森林等其他大自然的美景。赤水丹霞的森林覆盖率超过90%,被称为"绿色丹霞"和"覆盖型丹霞";而大面积古植被和多种珍稀濒危动植物一起,更成为赤水丹霞最独有的特征。

图8-25 遵义会议会址

图8-26 赤水丹霞

6.西江千户苗寨

西江千户苗寨(图8-27)位于贵州省黔东南苗族侗族自治州雷山县东北部的雷公山麓,距离县城36千米,是一个完整保存苗族"原始生态"文化的地方,由十余个依山而建的自然村寨相连成片,是目前中国乃至全世界最大的苗族聚居村寨。它是领略和认识中国苗族漫长历史与发展之地。西江每年的苗年节、吃新节、十三年一次的牯藏节等均名扬四海,西江千户苗寨是一座露天博物馆,展示着苗族发展史,成为观赏和研究苗族传统文化的大看台。

7.荔波喀斯特景区(世界自然遗产)

贵州荔波喀斯特景区(图8-28)位于贵州省东南部的荔波县,是贵州高原和广西盆地过渡地带锥状岩溶的典型代表。地处中亚热带南缘,岩溶地貌环境复杂多样,森林生态空间广阔,蕴含着丰富的动植物种类及遗传种质资源。各种森林植物、各类动物及部分大型真菌共有4000余种,除有大量的国家重点保护的珍稀濒危动植物外,由于岛屿状的岩溶地貌和特殊环境,产生了许多新的特有物种,是亚热带岩溶地貌上生物多样性保存最为完好的一块宝地,是一个巨大的生物资源"基因库"。

图8-27 西江千户苗寨

图8-28 荔波喀斯特景区

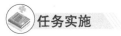

任务实施

根据所学西南旅游区主要游览地及著名景区,设计从你家乡到西南地区15日游旅游线

路。要求:

(1)以市场需求为导向,旅游点结构及住宿和活动时间安排合理。

(2)旅游交通工具如飞机、火车的航班和车次及时间需学生自己查询,但要真实准确。

(3)内容丰富多样。

 任务测评

教师依据学生回答的情况,进行分组点评,并给出测评成绩。

序　号	工　作　内　容	完成情况	存　在　问　题	改　进　措　施
1	安排合理			
2	交通工具真实性			
3	内容丰富多样			

 课后小结

根据任务完成情况进行小结。

姓名		组号		教师	
自我小结:					

项目9　大漠绿洲、丝路西域
——西北旅游区

任务1　区域概况

学习目标

1. 掌握我国西北地区的基本地理位置、气候和地形地貌情况。
2. 掌握西北地区省份的经济和交通概况。

问题与思考

对于甘肃、内蒙古、宁夏、新疆这四个省、自治区，大家的最初印象是什么？大家都知道，它们位于我国西北部，有着丰富的旅游资源，那么就要简单地了解一下西北地区的基本概况。

工作任务

尽可能多地收集关于西北地区的基本概况，例如铁路、公路、民航的概况。

预备知识

西北旅游区包括新疆维吾尔自治区、甘肃省、内蒙古自治区和宁夏回族自治区，总面积约334万平方千米，超过我国国土总面积的1/3。西北地区地处内陆，高山、高原、沙漠、草原、盆地、荒漠是典型的地形地貌特征。少数民族分布众多，主要民族有蒙古族、回族、维吾尔族、哈萨克族、土族、裕固族等。少数民族风情和游牧民族文化璀璨夺目，古城遗址和丝绸之路极具地域特色。

一、地形地貌排列有序，高山、盆地相间分布

西北地区绝大部分位于我国地势的第二级阶梯。自然地理上大致可分为东西两大地貌单元，西部为高山与盆地相间分布的地表结构，东部基本上为较平坦的高原。

在西部，新疆的地形可概括为"三山夹两盆"，北面为阿尔泰山，中间为天山，南部为昆仑山，东部为阿尔金山。准噶尔盆地在阿尔泰山与天山之间，塔里木盆地在天山与昆仑山、阿尔金山之间。阿尔泰山位于新疆北部，呈西北—东南走向，海拔一般在3000米以上，分布大量的冰川，西南部气候湿润，分布大量的草场和森林。天山位于新疆中部，是由数列东西走

向的平行山脉和断层陷落盆地与谷地组成,海拔在4000米以上,永久性积雪和冰川分布较多,还有一些冰碛湖,景色壮观。山间分布有吐鲁番、哈密、伊犁盆地等,是天山中面积较大的盆地,也是新疆发达的农牧区。甘肃省西部北山与祁连山之间为"河西走廊",东部为起伏较大的陇东高原,六盘山以东是黄土高原的一部分。

二、典型的温带大陆性荒漠气候

西北地区深居内陆,具有典型的温带大陆性荒漠气候特征,其特点是光照资源丰富、降水稀少、风沙大、气温变化大,具有明显的季节性差异,即使一天当中也有"早穿棉午穿纱,围着火炉吃西瓜"的说法。这里是我国最热、最干旱、风力最大和降水最少的地方。南疆及甘肃西部等地年降水量只有几十毫米,加之强烈的太阳辐射,形成了荒漠半荒漠景观,南疆的塔克拉玛干沙漠是我国最大的沙漠,面积达33.76万平方千米。由于气候及人为的因素,位于南疆的我国最大的内陆河塔里木河正在逐渐消失,罗布泊已不复存在。吐鲁番极端最高气温49.6℃,是我国公认最热的地区,被称为"火洲"。

三、经济与交通

西北地区经济基础薄弱,与东部地区还有较大差距。经济基础薄弱,使得交通、邮电等基础设施受到一定的限制,制约了本地居民的出游能力。

随着旅游业的发展,西北地区交通和旅游接待能力得到了明显的提升。西北地区的交通结构以铁路为主,主要的铁路干线有京包、包兰、兰新、兰青、集二、京通、滨洲、南疆等,兰新铁路西段由于乌鲁木齐至阿拉山口铁路的修通,与境外哈萨克斯坦铁路接轨,成为第二亚欧大陆桥的重要组成部分,为西北地区经济的繁荣和边境旅游发展起到重要作用。航空也是不可或缺的重要交通运输环节,已形成了以兰州、银川、乌鲁木齐等为中心的航空运输网,并开通了多条国际航线,促进了西北旅游的快速发展。公路形成了以省会城市为中心,辐射各地市县的完备的公路交通体系。

四、丰富的土特产

西北地区以农牧业为主,土特产丰富。由于区内属干旱、半干旱大陆性气候,光照强、气温日差较大,瓜果内糖分积累多,所以瓜果特别甜。新疆产的哈密瓜、吐鲁番的无核白葡萄、库尔勒的香梨、伊犁的苹果、兰州的白兰瓜等享誉中外。此外,新疆的和田玉、细毛羊、伊犁马、甘肃的河曲马以及宁夏"五宝"等都很著名。

请各小组将收集到的西北地区的基本概况以PPT的形式进行展示。

教师针对各小组的汇报情况进行评价,并提出改进措施。

📚 **课后小结**

根据任务完成情况进行小结。

姓名		组号		教师	
自我小结：					

任务2　旅游资源特征

1. 掌握我国西北地区的旅游资源的概况。
2. 掌握西北地区旅游资源的特点。

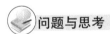

我国西北地区物产丰富,旅游资源特点鲜明,有着深厚的文化底蕴。那么请大家思考,西北地区的旅游资源有哪些特点呢?

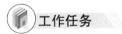

根据教材讲解的内容,以实际例子说明其各自的特点。

一、风沙景观独具特色

西北地区的风蚀地貌特色鲜明。风蚀地貌数量大,形态多样,尤其以准噶尔盆地乌尔禾高地的砂页岩风蚀地貌最为典型。各种形状的沙丘形态多变,有些沙丘的沙粒含有石英和云母等变质岩,在高温季节,沙粒的滚动会发出奇妙的响声,被称为响沙,甘肃敦煌鸣沙山、宁夏的沙坡头等即是典型代表。沙漠中的绿洲形成了许多农业灌溉区,主要在酒泉、武威等地,坎儿井灌溉网也蔚为壮观。

二、草原景观赏心悦目

内蒙古大草原是从北部的呼伦贝尔草原到西南部的鄂尔多斯草原,从东部的科尔沁草原到西部的阿拉善荒漠草原,包括呼伦贝尔、锡林郭勒、科尔沁、乌兰察布、鄂尔多斯和乌拉特六大著名草原。最著名的要数呼伦贝尔大草原,它是世界上天然草原保留面积最大的地方,是我国最大的无污染源动物食品基地。这里草原辽阔,一望无际,绿浪滚滚,牛羊遍野。在一望无际、绿草如茵的大草原上骑马、骑骆驼,观赏大草原风光,体验草原牧民生活,到牧民帐篷中做客,品尝草原风味食品等是草原旅游的重要内容。

三、民族色彩浓郁

西北旅游区是我国少数民族聚居的主要地区之一,有蒙古族、维吾尔族、回族、哈萨克族、塔吉克族、乌孜别克族、东乡族、保安族等40多个少数民族,每个民族都有自己独特的民族风情。

维吾尔族有着灿烂的民族文化,具有代表性的有音乐作品《十二木卡姆》、叙事长诗《富乐智慧》以及独特的舞蹈。

宁夏回族自治区无论是清真寺的风格、街头的小店,还是人们的风俗习惯,无不展现着伊斯兰教的伦理和风情。

甘肃每年举办的宗教民俗活动——花会是这里传统的赛歌活动。许多地区民族风情极其浓郁,游客会完全沉浸在不同民族的氛围中,感受他们的快乐、热情、豪放和彪悍。

蒙古族居住的蒙古包、喝的奶茶、吃的手抓羊肉及他们的民族节日——"那达慕"大会等,特别是他们接待客人时的热情、豪放,都能鲜明地反映浓郁的蒙古族风情。

四、丝绸之路,古迹众多

丝绸之路核心路段在西北地区,古老的华夏文明与两河流域文明、地中海文明等相互交融,使其成为多元文化交流的纽带。伴随着丝绸之路的开发,沿途各地遗留下数量众多、种类丰富的文物古迹。而留存至今的有嘉峪关、玉门关、秦长城遗址、敦煌莫高窟、麦积山石窟、炳灵寺石窟、拜城克孜尔千佛洞、楼兰古城、米兰古城、高昌古城等遗址遗迹。

请各位同学从其中一个特点出发,以实际的旅游景点去说明该特点。

教师依据学生回答的情况,进行分组点评,并给出测评成绩。

序　　号	工作内容	完成情况	存在问题	改进措施
1	雪域风光			
2	独特藏域风情			
3	物产丰富			
4	宗教文化			

课后小结

根据任务完成情况进行小结。

姓名		组号		教师	
自我小结：					

任务3　主要游览地及景区

学习目标

1. 掌握我国西北地区的著名旅游景点的概况。
2. 培养团结协作的工作精神。

问题与思考

西北地区的旅游景点众多,常年吸引着国内外的游客来此旅游。那么,这些著名的景点大家又了解多少呢？这些地方的著名景点有哪些？

工作任务

根据教材讲解的内容,熟记各著名景点的概况,设计西北地区的旅游路线并在课上进行展示,说明其合理性、经济性。

预备知识

一、甘肃省

(一) 概况

甘肃省,简称甘或陇,省会兰州。位于西北内陆腹地地区,地处黄河上游,东接陕西,南邻四川,西连青海、新疆,北靠内蒙古、宁夏并与蒙古国接壤。它像一块瑰丽的宝玉,镶嵌在黄土高原、青藏高原和内蒙古高原之间,东西长1600千米,南北宽约530千米,最窄处仅25千米,面积42.6万平方千米,少数民族有回族、藏族、东乡族、土族、裕固族、保安族等16个,其中东乡族、裕固族、保安族为甘肃的独有民族。甘肃的旅游资源十分丰富,具有沙漠戈壁、名刹古堡、草原绿洲、佛教圣地、冰川雪山、红色胜迹和民族风情等独特景观,主要旅游景观有百里黄河风情、敦煌莫高窟、鸣沙山、月牙泉、麦积山石窟、雅丹国家地质公园、崆峒山风景名胜区等。

(二)主要游览地及著名景区

1. 兰州市(省会)

兰州市位于黄河上游,是中国陆域的几何中心,有着"西部黄河之都,丝路山水名城"的美誉。依托黄河两岸风光和名胜古迹形成西起西柳沟,东至桑园峡,东西长约40千米,流域面积27.44平方千米的"百里黄河风情旅游线"。兰州丰富的旅游资源有:我国保存最为完好的土司衙门——鲁土司衙门;"天下黄河第一桥"——中山铁桥;"陇右第一名山"——兴隆山;国家级森林公园——吐鲁沟、石佛沟、徐家山;"母亲河、生命河"的象征——黄河母亲雕像;"陇上十三陵"——明肃王墓群等。兰州还是丝绸之路大旅游区的中心,东有天水麦积山、平凉崆峒山,西有永靖炳灵寺,南有夏河拉卜楞寺,北有敦煌莫高窟。

2. 敦煌莫高窟(世界文化遗产)

莫高窟又名"千佛洞",位于甘肃省敦煌市东南25千米处鸣沙山的崖壁上,是中国现存规模最大的石窟。石窟南北长约1600米,上下共五层,最高处达50米,始凿于前秦建元二年(366年),后经十六国至元十几个朝代的开凿,形成了一座内容丰富、规模庞大的石窟群,现存洞窟492个,壁画约45000平方米,飞天塑像4000余身。

3. 鸣沙山—月牙泉景区

鸣沙山—月牙泉风景区(图9-1),位于敦煌市南郊5千米处。古往今来以"山泉共处,沙水共生"的奇妙景观著称于世,被誉为"塞外风光之一绝"。鸣沙山,因沙动成响而得名。东西长约40千米,南北宽约20千米,最高海拔约1700米,沙垄相衔,盘桓回环。

月牙泉处于鸣沙山环抱之中,因其形酷似一弯新月而得名。其面积约为0.88公顷,平均水深3米左右,水质甘洌,清澈如镜。数千年来沙山环泉,泉映沙山,犹如一块光洁晶莹的翡翠镶嵌在沙山深谷中,"风夹沙而飞响,泉映月而无尘"。流沙与泉水之间仅数十米,但遇烈风而不被流沙所淹没,地处戈壁沙漠而泉水不浊不浑,这种"沙水共生,山泉共存"的地貌特征,确属奇观。

4. 麦积山石窟(世界文化遗产;5A景区)

麦积山石窟(图9-2)位于天水市东南约35千米处,是我国秦岭山脉西端小陇山中的一座奇峰,海拔1742米,但山高离地面只有142米,山的形状奇特,孤峰突起,犹如麦堆,因此人们称之为麦积山。现存佛教窟194个,泥塑石雕、石胎泥塑7200余身,壁画1300余米,分布于东、西两岸。以精美的泥塑著称于世,绝大部分泥塑彩妆,被称为"东方雕塑陈列馆"。

图 9-1　月牙泉景区

图 9-2　麦积山石窟

5. 嘉峪关文物景区(5A 景区)

嘉峪关文物景区(图 9-3)位于甘肃嘉峪关市西 5 千米处,是万里长城西端的起点,是明长城西端的第一重关,也是古代"丝绸之路"的交通要冲,始建于明洪武五军(1372 年),先后经过 168 年的修建,成为万里长城沿线最为壮观的关城。嘉峪关由内城、外城、城壕三道防线呈重叠并守之势,壁垒森严,与长城连为一体,形成五里一隧、十里一墩、三十里一堡、百里一城的军事防御体系。嘉峪关城内建有游击将军府、井亭、文昌阁,东门外建有关帝庙、牌楼、戏楼等。

6. 崆峒山(5A 景区)

崆峒山(图 9-4)位于甘肃省平凉市西 12 千米处,景区面积 84 平方千米,主峰海拔 2123 米,集奇险灵秀的自然景观和古朴精湛的人文景观于一身,具有极高的观赏、文化和科考价值,自古就有"西来第一山""西镇奇观""崆峒山色天下秀"之美誉。崆峒山属六盘山支脉,是天然的动植物王国,有各类植物 1000 多种,动物 300 余种,森林覆盖率达 90% 以上。既有北方山势之雄伟,又兼南方景色之秀丽。凝重典雅的八台九宫十二院、四十二座建筑群、七十二处石府洞天,气魄宏伟,底蕴丰厚。

图 9-3　嘉峪关文物景区

图 9-4　崆峒山

二、内蒙古自治区

(一) 概况

内蒙古自治区,简称内蒙古,首府呼和浩特。位于中国北部边疆,是我国建立最早的民族自治区。土地总面积118.3万平方千米,在全国各省、自治区、直辖市中居第三位,内蒙古东、南、西与8省区毗邻,北与蒙古国、俄罗斯接壤,国境线长4200千米。全区常住人口由蒙古族、汉族、满族、回族、达斡尔族、鄂温克族、鄂伦春族、朝鲜族等49个民族组成。全区基本上是一个高原型的地貌区,大部分地区海拔在1000米以上。内蒙古高原是中国四大高原中的第二大高原。内蒙古旅游资源丰富,概括起来有十大景观,即草原、森林、沙漠、河流、湖泊、温泉、冰雪、边境线、民族风情、历史古迹,主要的旅游地有大召、五塔寺、成吉思汗陵、响沙湾、呼伦贝尔草原等。

(二)主要游览地及著名景区

1. 成吉思汗陵(5A景区)

成吉思汗陵旅游区(图9-5)位于鄂尔多斯市伊金霍洛旗的草原上。陵园占地面积约5.5公顷,主体建筑由三座蒙古式的大殿和与之相连的廊房组成。纪念堂正中摆放着成吉思汗的雕像。在正殿的东西廊中有大型壁画,主要描绘了成吉思汗出生、遇难、西征、东征、统一蒙古各部等重大事件。

2. 银肯响沙(5A景区)

银肯响沙(即响沙湾)(图9-6)居中国各响沙之首,被称为"响沙之王"。银肯是蒙古语,汉语意思是"永久",它位于内蒙古鄂尔多斯市达拉特旗南部。响沙湾沙高110米,宽400米,依着滚滚沙丘,面临大川,背风向阳坡,地形呈月牙形分布,形成一个巨大的沙丘回音壁。沙子干燥时,游客攀着软梯,或乘坐缆车登上"银肯"沙丘顶,往下滑溜,沙丘会发出轰隆声,轻则如青蛙"呱呱"的叫声,重则像汽车、飞机的轰鸣声。近几年,响沙湾又开发了骑骆驼游沙漠、沙漠滑翔伞、滑沙车、地方民族歌舞等旅游项目,使得响沙湾更具魅力。

图9-5 成吉思汗陵

图9-6 响沙湾

三、宁夏回族自治区

(一)概况

宁夏回族自治区,简称宁,首府银川。位于中国西部的黄河上游,是我国五大自治区之一,东邻陕西省,西部、北部接内蒙古自治区,南部与甘肃省相连,总面积为6.64万多平方千米,人口中回族约为240.74万,占36.04%,区内共有3000多座清真寺,被誉为"中国的穆斯林省",展现出浓郁的伊斯兰氛围。宁夏南部以流水侵蚀的黄土地貌为主,中部和北部以干旱侵蚀、风蚀地貌为主,是内蒙古高原的一部分。宁夏位于"丝绸之路"上,历史上曾是东西部交通贸易的重要通道,作为黄河流经的地区,这里同样有古老悠久的黄河文明。悠久的历史、多样的地貌、特有的民俗,构成了宁夏丰富多彩的旅游资源,主要的旅游资源有南关清真寺、西部影视城、西夏王陵、沙坡头、沙湖等。

(二) 主要游览地及著名景区

1. 银川市(首府)

银川市地处西北地区宁夏平原中部,西倚贺兰山,东临黄河,是发展中的区域性中心城市,中国—阿拉伯国家博览会的永久举办地。银川是历史悠久的塞上古城,史上西夏王朝的首都,素有"塞上江南、鱼米之乡"和"塞上明珠"的美誉。银川是全区军事、政治、经济、文化科研、交通和金融商业中心,以发展轻纺工业为主,机械、化工、建材工业协调发展的综合性工业城市,旅游资源丰富,如城西有著名的国家级风景区西夏王陵,城区内多穆斯林风格建筑,城南有大型的清真寺和承天寺塔等著名古迹。

2. 西夏王陵

西夏王陵风景区(图9-7)位于银川市以西35千米的贺兰山东麓中段,是西夏历代帝王的皇家陵墓群。陵区方圆40平方千米,坐落着9座帝王陵和70多座官僚、勋戚的陪葬墓。

现存的9座帝王陵墓为裕陵、嘉陵、泰陵、安陵、献陵、显陵、寿陵、庄陵、康陵,每个陵园都是一个单独的完整的建筑群体,形制大致相同。黄土筑的八角塔形陵台高达20多米,被誉为"中国的金字塔"。

3. 西部影视城(5A景区)

西部影视城(图9-8)地处银川西郊镇北堡,原址为明清时代的边防城堡。在中国众多的影视城中,西部影视城以其古朴、原始、粗犷、荒凉、民间化为特色,是中国西部著名影视城。与其他影视城不同,它不是由仿古建筑师平地打造出的楼台馆阁、王府宫殿,而是由影视美工师设计的适合于剧情拍摄的一处处场景所组成。大小场景300多处,分布在明、清两堡,有为影视拍摄搭制的"影视一条街""长坂坡街道""老银川一条街"等,并从民间收集非物质文化表演项目近80项,如织布、擀毡、打铁、刺绣、耍猴、斗鸡等。游客进入影视城不仅可以找寻著名影片的拍摄场景,同时还能体验古人的生活。

图9-7 西夏王陵风景区

图9-8 西部影视城

4. 沙湖旅游区(5A景区)

沙湖旅游区(图9-9)位于距银川市西56千米的石嘴山市平罗县境内,总面积80.10平方千米,湖泊面积45平方千米,沙漠面积22.52平方千米。沙湖以自然景观为主体,是一处融南水乡与大漠风光为一体的生态旅游景区,"沙、水、苇、鸟、山、荷"六景有机结合在一起,构成了美丽的画卷,被誉为"塞上旅游明珠"。这里栖居着白鹤、黑鹤、天鹅等十数种珍鸟奇禽,还盛产各种鱼,在湖南岸的水族馆里,可以看到几十种珍稀鱼类,包括北方罕见的武昌鱼、娃娃鱼和体围1米多的大鳖。

5. 沙坡头旅游区(5A景区)

沙坡头旅游区(图9-10)位于中卫市城区以西20千米处,是国家级沙漠生态自然保护区,被世人称为"沙都"。这里集大漠、黄河、高山、绿洲景观为一体,既具西北风光之雄奇,又兼江南景色之秀美。自然景观独特,人文景观丰厚,被旅游界专家誉为世界垄断性旅游资源。沙坡头旅游区东起沙坡头水利枢纽堤坝,西至黑山峡宁夏、甘肃交界处,以沙坡头黄河两岸山水田园以及北部的腾格里沙漠为核心。中国大漠旅游区,以世界著名治沙成果为主展现人地关系主题;沙坡鸣钟黄河度假区,有中国最大的天然滑沙场;有总长800米、横跨黄河的"天下黄河第一索"——沙坡头黄河滑索,有黄河文化的代表——古老水车,有中国第一条沙漠铁路,有黄河上最古老的运输工具——羊皮筏子。

图9-9 沙湖旅游区

图9-10 沙坡头旅游区

四、新疆维吾尔自治区

(一) 概况

新疆维吾尔自治区,简称新,首府乌鲁木齐。位于亚欧大陆中部,地处中国西北边陲,总面积166万平方千米,略超全国陆地总面积的1/6,是中国面积最大、交界邻国最多的地区。新疆是一个以维吾尔族为主,包括汉族、哈萨克族、回族、蒙古族等十多个民族的多民族聚居区。新疆的地形地貌可以概括为"三山夹两盆",北面是阿尔泰山,南面是昆仑山,天山横贯中部,把新疆分为南北两部分,习惯上称天山以南为南疆,天山以北为北疆。新疆地域辽阔,自然景观神奇独特,同时又有独特的民族风情。主要的旅游资源有天山天池、葡萄沟、那拉提、可可托海等。

(二) 主要游览地及著名景区

1. 乌鲁木齐市(首府)

乌鲁木齐市是新疆政治、经济、文化的中心,地处亚洲大陆地理中心,是亚欧大陆中部重要的都市。维吾尔族、回族有相对集中居住的区域,其他少数民族则是分散杂居。全市每条街道都充满了民族特色。

乌鲁木齐自然风光优美,天山山脉分布着高山冰雪景观、山地森林景观、草原景观,为游客观光、探险提供了丰富的内容。各民族的文化艺术、风情习俗,构成了具有民族特色的旅游人文景观。新疆国际大巴扎、新疆民街、二道桥民族风情一条街等带有浓郁新疆民俗风情的景区景点,享誉国内外。丝绸之路冰雪风情游、丝绸之路服装服饰节等带有丝绸之路文化特色的节庆会展活动,已成为乌鲁木齐特有的城市名片。乌鲁木齐已成为新疆重要的旅游集散地和目的地。

2. 天山天池(世界自然遗产;5A 景区)

天山天池(图 9-11)位于乌鲁木齐市东 120 千米处的天山东段最高峰博格达峰下阜康市境内,景区以天池为中心,海拔 1980 米,湖面呈半月形,长 3400 米,最宽处约 1500 米,面积约 4.9 平方千米,是世界著名的高山湖泊。四周群山环抱,绿草如茵,野花似锦,有"天山明珠"盛誉。在天池同时可观赏雪山、森林、碧水、草坪、繁花的景色,附近还有小天池、灯杆山、石峡等景点。天池以其得天独厚的地质地貌、神奇特异的自然风光、珍稀独特的动植物种类、丰富多彩的人文景观、珍贵殷实的文献文物、美丽动人的神话传说,吸引着中外游客。

3. 天山大峡谷景区(5A 景区)

天山大峡谷景区(图 9-12)位于库车县境内,距市区 48 千米,是天山北城最完整、最具观赏价值的原始雪岭云杉林,囊括了除沙漠以外的新疆所有自然景观,是人类农耕文明之前游牧文化的活博物馆,具有极高的旅游欣赏、科学考察和历史文化价值。

图 9-11　天山天池

图 9-12　天山大峡谷景区

4. 那拉提景区(5A 景区)

那拉提景区(图 9-13)地处天山腹地,位于伊犁河谷东端的新源县,景区总面积 1800 平方千米,其中风景游览区面积 180 平方千米。景区三面环山,巩乃斯河蜿蜒流过,可谓"三面青山列翠屏,腰围玉带河纵横"。那拉提风景区自南向北由高山草原观光化、哈萨克民俗风情区、旅游生活区组成,以独特的自然景观、悠久的历史文化和浓郁的民族风情构成了独具特色的边塞风光。这里是哈萨克族的居住地,至今仍保留着浓郁古朴的民俗风情和丰富的草原文化。

5. 喀纳斯景区(5A 景区)

喀纳斯景区(图 9-14)位于布尔津县北部阿尔泰山西北端的深山密林中,是阿勒泰风景旅游资源中的佼佼者,堪称"阿尔泰山旅游明珠"。该风景区是我国唯一的南西伯利亚区系动植物分布区,珍贵树种主要有落叶松、红松、冷杉、云杉以及桦树林等。

图 9-13　那拉提景区

图 9-14　喀纳斯景区

任务实施

请自行设计一条西北地区的旅游路线。

任务测评

教师依据学生回答的情况,进行分组点评,并给出测评成绩。

序　号	工 作 内 容	完成情况	存 在 问 题	改 进 措 施
1	专业性			
2	合理性			
3	经济性			
4	适用性			

课后小结

根据任务完成情况进行小结。

姓名		组号		教师	
自我小结:					

项目10 世界屋脊、雪域藏乡
——青藏高原旅游区

任务1 区域概况

 学习目标

1. 掌握我国青藏高原的基本地理位置、气候和地形地貌情况。
2. 掌握青藏高原地区省份的经济和交通概况。

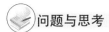 问题与思考

对于青藏高原,大家的最初印象是什么? 大家都知道,青藏高原位于我国西北部,有着丰富的旅游资源,那么就要简单地了解一下青藏高原的基本概况。

 工作任务

尽可能多地收集关于青藏高原的基本概况,例如铁路、公路、民航的概况。

 预备知识

青藏高原地处我国西北部,包括青海省和西藏自治区。其西部和南部与印度、尼泊尔、不丹、缅甸等国毗邻,总面积约195万平方千米,主要民族是藏族,还有汉族、门巴族、珞巴族、回族、满族、蒙古族、土族、纳西族等30多个民族。青藏高原拥有珠穆朗玛峰、雅鲁藏布大峡谷、三江源自然保护区、布达拉宫、大昭寺、青海湖、拉萨的八廓街、青海的塔尔寺等,对中外旅游者极具吸引力。目前,党中央、国务院正在加快开发、开放西部的步伐,随着青藏铁路的全线开通、进入拉萨航班密度的不断加大、藏北野生动物保护区的建立、一些生态旅游区的兴建,以及旅游接待设施的不断完善,青藏高原旅游区必将成为世人瞩目的旅游胜地。

一、广阔的高原地貌

青藏高原旅游区以高原为主体,平均海拔在4000米以上,区内的世界最高峰、海拔8843米的珠穆朗玛峰矗立于青藏高原南部的中尼边境上,被称为"世界第三极"。青藏高原是世界上海拔最高的高原,素有"世界屋脊"之称。藏东南的雅鲁藏布大峡谷被誉为"世界第一大峡谷"。

二、独特的高原气候

青藏高原旅游区地势高,气候复杂多变,地区差异大,昼夜温差大,气温较低,气温年变化小、日变化大,降水稀少,太阳辐射强,日照时间长,空气稀薄,形成了独特的高原气候。每年3月至10月,这里的空气干洁,透明度好,天空格外晴朗,蓝天衬托着白云,景色显得更加美丽,是旅游的最佳季节。

三、众多的河流湖泊

青藏高原旅游区是我国河流、湖泊最多的地区,许多大河都发源于此,主要河流有金沙江、黄河、澜沧江、怒江、雅鲁藏布江等,水力资源极为丰富。这里的湖泊约占全国湖泊面积1/3以上,同时也是世界上湖面最高、数量最多的高原湖区,这里的湖泊大部分都是咸水湖,青海湖的面积目前约为4400平方千米,是我国最大的咸水湖;纳木错是我国第二大咸水湖,也是世界上海拔最高的湖,海拔4718米;青藏高原地区内众多的湖泊被林海环绕,雪山映照,景色十分秀丽。

四、丰富的地热资源

青藏高原旅游区有丰富的地热资源,它不仅提供了重要的能源,而且是我国乃至世界其他地方都难得一见的自然奇观,已成为青藏高原地区独具特色的旅游资源。青藏高原旅游区地热类型有沸泉、间歇喷泉、水热爆炸穴、喷气孔等20多种,其中水热爆炸穴、间歇喷泉是我国仅有、世界罕见的自然奇观。位于拉萨西北的羊八井热气田最为著名,有星罗棋布的热水湖、喷气孔、沸泉、热泉等,尤以热水湖最为壮观。在当地平均气温只有2℃的情况下,湖面温度竟达40℃以上。羊八井现已成为我国第一座湿蒸汽型地热站。

五、发展中的交通运输

青藏高原旅游区长期以来交通相当闭塞,新中国成立后,党和政府为了发展青藏高原地区的经济,改善藏族人民的生活,花了大量的人力、财力、物力,先后修建了川藏、青藏、新藏、滇藏等公路和兰青铁路、青藏铁路。2006年7月1日,青藏铁路全线开通,青藏铁路的建成通车对推进青海和西藏的经济发展、改善当地人民的生活、加强民族团结、促进文化交流起到重要作用,使更多的中外旅游者能够从祖国各地直接进入拉萨。目前,由全国各地往返拉萨的航班每周达几十个班次,如上海至拉萨、香港至拉萨、北京至拉萨、成都至拉萨、西安—格尔木—拉萨,每周都开辟了定期航班,大大缩短了旅游者进入拉萨的时间。

任务实施

请各小组将收集到的青藏高原的基本概况以PPT的形式进行展示。

任务测评

教师针对各小组的汇报情况进行评价,并提出改进措施。

课后小结

根据任务完成情况进行小结。

姓名		组号		教师	
自我小结:					

任务2　旅游资源特征

学习目标

1. 掌握我国青藏高原地区的旅游资源的概况。
2. 掌握青藏高原旅游资源的特点。

问题与思考

我国青藏高原物产丰富,旅游资源特点鲜明,有着深厚的文化地缘特点。那么请大家思考,青藏高原的旅游资源有哪些特点呢?

工作任务

根据教材讲解的内容,以实际例子说明其各个特点。

预备知识

一、神奇的雪域风光

青藏高原旅游区由于独特的地理位置、变化多样的地貌特征,形成了雄奇壮美的雪山高原、星罗棋布的高山湖泊、独特的高原气候与植被,是珍稀野生动物的天然乐园,是国内外学者和游客登山科考、探险、朝圣、旅游的理想之地。

二、神秘的宗教文化

青藏高原旅游区有古老的宗教和灿烂的宗教艺术,宗教气息浓郁。该区盛行藏传佛教,又称"喇嘛教",它是由印度密乘佛教与藏族聚居区本教融合而形成的具有西藏地方色彩的佛教,在历史的发展中留下了大量壮丽的宫殿、寺庙建筑和珍贵的宗教艺术珍品,甚至当地的许多习俗和民族节日也大多与宗教有关。

三、多彩的藏域风情

青藏高原是少数民族聚居的主要地区之一,以藏族为主,各民族的民居、服饰、节庆等都是一道亮丽的风景。如藏族的"萨嘎达瓦节""藏戏节""沐浴节""旺果节",珞巴族的"旭独龙节",土族的"七月会"等异彩纷呈。藏族重礼仪,用"哈达"、酥油茶、青稞酒向客人表示敬意,藏族的民俗风情常常引起旅游者的极大兴趣。

四、名贵丰富的物产

青藏高原盛产贝母、虫草、麝香、蝎等名贵中药材,其中冬虫夏草和麝香已经出口至亚洲及欧美国家。另外,青藏高原的藏毯、金银器等工艺品也驰名国内外。

任务实施

请各位同学从其中的一个特点出发,以实际的旅游景点去说明该特点。

任务测评

教师依据学生回答的情况,进行分组点评,并给出测评成绩。

序　号	工 作 内 容	完成情况	存 在 问 题	改 进 措 施
1	雪域风光			
2	独特藏域风情			
3	物产丰富			
4	宗教文化			

课后小结

根据任务完成情况进行小结。

姓名		组号		教师	
自我小结:					

任务3　主要游览地及景区

学习目标

1. 掌握我国青藏高原的著名旅游景点的概况。
2. 培养团结协作的工作精神。

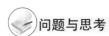**问题与思考**

青藏高原的旅游景点众多,常年吸引着国内外的游客来此旅游。那么,这些著名的景点大家又了解多少呢？这些地方的著名景点有哪些？

工作任务

根据教材讲解的内容,熟记各著名景点的概况,设计青藏高原的旅游路线并在课上进行展示,说明其合理性、经济性。

预备知识

一、青海省

（一）概况

青海省,简称青,省会西宁。因境内有全国最大的内陆咸水湖——青海湖而得名。青海位于我国西北地区,面积72.23万平方千米,有汉族、藏族、回族、土族、撒拉族、维吾尔族、蒙古族、塔吉克族等民族。青海是长江、黄河、澜沧江的发源地,被誉为"三江源"。

青海是青藏高原的一部分,地势西高东低,平均海拔3000米以上,地形以高原山地为主,主要有唐古拉山、昆仑山、祁连山、可可西里山等山脉,以及柴达木盆地和青海湖盆地。青海省的气候大部分属于大陆性高原气候,冬寒、夏凉,日照长,雨量少,年降水量100～600毫米。夏季气候凉爽宜人,是最佳的旅游季节。青海旅游资源丰富,全省已开发出旅游景点10多处,形成东部旅游区、青海湖旅游区、西部旅游区等三大旅游区。著名景区有青海湖、孟达林区、塔尔寺等。

(二)主要游览地及著名景区

1. 西宁市(省会)

西宁市位于青海省东北部的湟水谷地,兰青、青藏铁路在此交接,是青新、青藏公路的交点,是通往西藏和青海腹地的交通要道。西宁是青海省政治、经济、文化、交通的中心,是青藏高原上最大的工业城市,工业以乳品制造和毛纺工业较为发达,机械、电子也达到一定水平。西宁是一个始建于东汉时期的高原古城,名胜古迹有塔尔寺、清真寺、北禅寺等。

2. 塔尔寺(5A景区)

塔尔寺(图10-1)位于西宁市西南25千米的湟中县鲁沙尔镇,为中国藏传佛教寺院,是喇嘛教格鲁派(黄教)六大寺院之一,始建于明嘉靖三十九年(1560年),最初只是一座小禅寺,后得到三世达赖喇嘛和青海蒙古王、额尔德尼的关注,后者曾布施金银赞助修寺,并经僧人多次增修扩建,始成现存规模,因格鲁派创始人宗喀巴降生此地,而使青、藏、蒙各地僧众络绎不绝来此朝拜,成了西北地区佛教活动中心。塔尔寺依山起伏而筑,殿宇层叠,威严雄壮。大金瓦寺为全寺主殿,三层高,殿中央立有大银塔,纯银作底,表层镀金,并镶嵌各种珍宝,塔高11米,相传为宗喀巴诞生处,塔顶佛龛内供奉着2.5米高的宗喀巴像。全寺由此塔发展而来,故称塔尔寺。小金瓦寺是护法神殿,内有造型怪异的金刚力士佛像数十尊。

3. 青海湖(5A景区)

青海湖(图10-2)古称西海,位于青海省东北部大通山、日月山、青海南山间,是我国最大的内陆咸水湖,面积约4400平方千米,湖面海拔3196米,湖中蕴藏着巨大的生物资源。青海湖景色秀丽,风光优美,是青海省最大的自然风景区,湖中心海心山上风景优美,林木葱郁,是天然的避暑胜地。青海湖中有5个小岛,其中最西面的小岛面积为0.11平方千米,是著名的鸟岛,小岛上栖息着近10万只候鸟,堪称鸟类王国。每年春夏之交,来自中国南方和东西亚等地的斑头雁、棕头鸥、渔鸥、赤麻鸭、黑颈鹤、天鹅及其他鸭、雀、百灵鸟等10余种候鸟在此繁衍生息。届时,这个鸟的世界,鸟群鼎沸,声扬数里。

图10-1 塔尔寺

图10-2 青海湖

4. 可可西里

可可西里蒙古语意为"青色的山梁",又一说是"美丽的少女",位于青海西南部,昆仑山系南侧支脉。它夹在唐古拉山和昆仑山之间,是长江的主要源区之一。可可西里平均海拔在5000米以上,自然条件恶劣,人类无法长期居住,但却是野生动物的天堂,生存着国家一级、二级野生动物20多种。

二、西藏自治区

(一)概况

西藏自治区,简称藏,首府为拉萨市。位于我国西南边疆、青藏高原西南部,面积120多万平方千米,是以藏族为主体的民族自治区,其他还有汉族、回族、巴族、珞巴族等。

西藏地势由西北向东南倾斜,地形复杂多样,陆地国界线4000多千米,是中国西南边陲的重要门户,无出海口。

西藏的气候独特而复杂多样,总体上具有西北严寒、东南温暖湿润的特点,呈现出由东南向西北的带状分布。西藏气候总的特点是日照时间长,辐射强烈;气温较低,温差大;干湿分明,多夜雨;冬春干燥,多大风;气压低,氧气含量少。西藏自然旅游资源丰富,主要有以喜马拉雅山脉为主的雪山风光区域、以藏北羌塘草原为主的草原风光区域、以藏东南森林峡谷为主的自然生态风光区域、以阿里神山圣湖为主的高原湖光山色风光区域;湖泊类有以阿里神山圣湖为代表的高原雪山湖泊、以纳木错为代表的草原湖泊和以巴松措为代表的高原森林湖泊等不同类型的湖泊。

西藏人文旅游资源也非常丰富,现有1700多座保护完好、管理有序的寺庙,形成了独特的人文景观。主要有以拉萨布达拉宫、大昭寺为代表的藏民族政治、经济、宗教、历史、文化中心人文景观区;以山南雍布拉康、桑耶寺、昌珠寺、藏王墓群为代表的藏文化发祥地人文景观区;以日喀则扎什伦布寺、萨迦寺为代表的后藏宗教文化人文景观区;以阿里地区札达县"古格王朝古都遗址"为主的文物古迹人文景观区;以昌都康区文化为代表的"茶马古道"历史文化人文景观区等。

(二)主要游览地及著名景区

1. 拉萨市(首府)

拉萨市是自治区的首府,位于藏南谷地、雅鲁藏布江支流拉萨河北岸、川藏、滇藏、新藏公路的交会处,是自治区政治、经济、文化、交通中心,又是一座具有1500多年历史的高原古城。海拔350米,全年日照长达3100小时,称为"日光城",公元7世纪吐蕃王松赞干布在这里建都,尼泊尔尺尊公主、唐文成公主入藏后,在拉萨建成了著名的大、小昭寺等。1951年西藏和平解放以后,拉萨市的面貌发生巨大的变化,现有电力、煤炭、机械、纺织、化工等工业。拉萨作为历史文化名城,名胜古迹众多,如布达拉宫、大昭寺、小昭寺、哲蚌寺、甘丹寺、罗布林卡等。佛教文化及喇嘛寺庙是拉萨的旅游热点。

2. 布达拉宫(世界文化遗产;5A景区)

布达拉宫(图10-3)俗称"第二普陀山",屹立在拉萨市区西北的红山上,是一座规模宏大的宫堡式建筑群。相传 7 世纪中叶时,松赞干布与唐联姻,为迎娶文成公主而建,明代由达赖五世重建。布达拉宫累积 13 层,相对高度 117 米,建筑面积 13 万平方米,有 1500 多间房,是一座历史价值、经济价值和艺术价值极高的宫殿堡式建筑群,也是西藏自治区保存最完整、规模最宏大的古建筑群,被称为"世界屋脊"上的一颗明珠。

布达拉宫由山上建筑群、山前的方城和山后的龙王潭花园三部分组成,占地约 41 公顷。主要殿堂有达赖灵塔殿、东大殿、西大殿、法王禅定宫、圣者殿、三界兴盛殿、日光殿、坛城殿、萨松朗杰殿、特明殿、世策宫、极乐宫等数十座殿堂,整个建筑群金碧辉煌,具有浓烈的藏式古建筑艺术风格和汉式造型技巧。这所寺院是西藏旧政权政教合一的统治中心,也是历代达赖喇嘛的冬宫。

布达拉宫的主体建筑分为白宫和红宫两部分,白宫有寝室、经堂和客厅、书库等建筑,是历代达赖起居生活之处;红宫是布达拉宫的主楼,是历代达赖的灵塔殿和各类佛堂。红宫内有 8 座祭堂,每座祭堂各有金塔一座,塔里安放着从五世达赖到十三世达赖的肉身(除六世达赖的尸身在青海外),塔身以金皮包裹,镶满珠玉宝石。各佛堂里有数以万计的用金、银、铜、玉造的佛像和无数法器、神像以及其他文物。

布达拉宫内存放着封诰、诏敕、印鉴、金册、玉册、额、经文、各类典籍、佛像、唐卡等大量文物,是西藏最珍贵的宗教、艺术和文化的宝库。

3. 大昭寺(世界文化遗产;5A 景区)

大昭寺(图 10-4),又名"祖拉康""觉康"(藏语意为佛殿),位于拉萨老城区中心,是一座藏传佛教寺院,始建于唐贞观二十一年(647 年),是藏王松赞干布为纪念尺尊公主入藏而建。寺庙最初称"惹萨",后来惹萨又成为这座城市的名称,并演化成当下的"拉萨"。大昭寺建成后,经过元、明、清历朝屡加修改扩建,才形成了现今的规模。大昭寺是西藏著名古寺和藏传佛教圣地之一,以建筑精美、壁画生动而著称于世,是拉萨最古老的建筑之一。

大昭寺总面积 2500 多平方米,由前庭、主殿和拉章(活佛公署)组成,整体建筑属藏式石木结构,但内部结构和装潢表现出一定的唐代风格和尼泊尔建筑艺术。

主殿内存有唐代释迦牟尼紫金像,是文成公主进藏时唐太宗所赐,供奉的塑像还有松赞干布、尺尊公主、文成公主等。明代的"唐卡"和清代的金奔巴瓶等珍贵历史文物仍保存在殿内。大昭寺前还立有一座唐蕃会盟碑。

图 10-3 布达拉宫

图 10-4 大昭寺

4. 拉萨八廓街

八廓街又名八角街,位于市中心大昭寺周围,是拉萨著名的转经道和商业中心,也是闻名全国的民族交易市场,有"拉萨的窗口"之称。八廓街原街道只是单一围绕大昭寺的转经道,藏族人称为"圣路",现逐渐扩展为围绕大昭寺周围的大片旧式老街区。八廓街长约

1.5 千米,宽 10 米,呈圆形。街道两侧是老式藏房,街道中央的巨型香炉昼夜烟雾弥漫。每天从清晨至傍晚,人们从四面八方涌到八廓街,虔诚的教徒和购物的游客围绕着金碧辉煌的大昭寺,按顺时针方向转动在这条环形轨道上。

 任务实施

请自行设计一条青藏高原的旅游路线。

 任务测评

教师依据学生回答的情况,进行分组点评,并给出测评成绩。

序　号	工 作 内 容	完 成 情 况	存 在 问 题	改 进 措 施
1	专业性			
2	合理性			
3	经济性			
4	适用性			

课后小结

根据任务完成情况进行小结。

姓名		组号		教师	
自我小结:					

参 考 文 献

[1] 赵济.中国地理[M].北京:高等教育出版社,1999.
[2] 庞规荃.中国旅游地理[M].北京:旅游教育出版社,2003.
[3] 梁文生.导游基础知识[M].济南:山东科学技术出版社,2012.
[4] 王辉,苗红.中国旅游地理[M].北京:北京大学出版社,2010.
[5] 卢爱英.导游文化知识[M].北京:中国旅游出版社,2013.
[6] 沈世忠,邹海晶.旅游地理[M].3版.北京:高等教育出版社,2006.
[7] 李飞.中国旅游地理[M].北京:中国科学技术出版社,2009.